融合教育中自闭症学生常见问题与对策

上海市"基础教育阶段自闭症学生支持服务体系建设"项目组◎组编

华夏出版社

HUAXIA PUBLISHING HOUSE

图书在版编目（CIP）数据

融合教育中自闭症学生常见问题与对策 / 上海市"基础教育阶段自闭症学生支持服务体系建设"项目组组编. --北京：华夏出版社有限公司，2023.10（2025.4 重印）

ISBN 978-7-5222-0542-7

Ⅰ. ①融… Ⅱ. ①上… Ⅲ. ①孤独症－儿童教育－特殊教育－研究 Ⅳ. ①G766

中国国家版本馆 CIP 数据核字（2023）第 143472 号

融合教育中自闭症学生常见问题与对策

编　　者	上海市"基础教育阶段自闭症学生支持服务体系建设"项目组	
责任编辑	张红云	
责任印制	顾瑞清	

出版发行	华夏出版社有限公司	
经　　销	新华书店	
印　　装	三河市万龙印装有限公司	
版　　次	2023 年 10 月北京第 1 版	
	2025 年 4 月北京第 3 次印刷	
开　　本	880×1230　1/32 开	
印　　张	4.75	
字　　数	86 千字	
定　　价	49.00 元	

华夏出版社有限公司　　地址：北京市东直门外香河园北里 4 号

邮编：100028 网址:www.hxph.com.cn

电话：（010）64663331（转）

若发现本版图书有印装质量问题，请与我社营销中心联系调换。

组　编

上海市"基础教育阶段自闭症学生
支持服务体系建设"项目组

主　编

昝　飞　陈莲俊

编　委

（按拼音排序）

陈莲俊　丁美珍　昝　飞　张畅芯　张　萍　朱剑平

前　言

　　《融合教育中自闭症学生常见问题与对策》是一本用于指导、帮助教师理解并应对、解决自闭症学生在融合教育情境中常见问题的书籍。本书是我们受上海市教育委员会委托，承担的上海市"基础教育阶段自闭症学生支持服务体系建设"项目的成果，这一项目的核心目标是：通过项目推进，提升教师在融合教育情境中为自闭症学生提供专业教育支持服务的能力。教师的专业能力是自闭症学生教育支持服务体系的基石，只有夯实这个基石，体系的运转才能更加顺畅。在开展项目研究的过程中，我们发现，可用于指导教师开展自闭症学生融合教育的专业资源严重不足，教师也往往因工作繁忙而较少有充足的时间进行系统的专业学习，他们的一个迫切需求是希望能够有一本简明易懂的专业指导书帮助他们解决自闭症学生融合教育日常工作中的问题。本书就是应此需求而编写的。

　　本书的编写过程可分为以下几个阶段：

　　2021 年 9 月—10 月，华东师范大学自闭症研究中心牵头，与上海市徐汇区、宝山区、虹口区 3 个区的特殊教育指导中心共同组建项目组，深入访谈了这 3 个区具有多年随班就读工作经验的资源教师、特殊教育指导中心教师共 16 位，了解自闭症学生融合教育工作中最常见的问题。通过对访谈信息的梳理与分析，归纳提出了常见的 30 个问题。

2021 年 10 月—2022 年 1 月，3 个区的特殊教育指导中心分别组建编写小组，结合实践经验，对每个问题按基本描述、原因分析、对策建议进行初步撰写。

2022 年 1 月—4 月，华东师范大学自闭症研究中心参考自闭症学生问题行为干预、社会交往沟通训练以及家校合作等相关领域的研究成果，对初步撰写的内容进行全面修改，形成第一轮的完整稿。

2022 年 5 月—2023 年 1 月，根据初步完整稿制作纸质版册子，下发到上海 7 个区的特殊教育指导中心进行试用。试用区除参与调研撰写的 3 个区之外，还包括普陀区、青浦区、嘉定区以及松江区。试用的同时进行了第二轮的内容修改。

2023 年 2 月—5 月，召开专家咨询以及试用区意见反馈会议，根据会议所收集的意见进行第三轮的修改与完善，最终形成当前版本。

本书的编写目的是，让教师能够在比较短的时间内快速地了解所述问题的常见表现、可能原因以及可以应用的对策，从而将相应策略应用于教育实践。因此，在编写过程中，遵循了以下原则：

（1）语言简洁明了，力求所写内容能为没有接受过特殊教育系统培训的教师所理解，并从中受益。

（2）内容有专业深度，对问题的原因解释与应对策略能反映当前的研究成果，以帮助教师更客观地认识自闭症学生融合教育过程中出现的各种困难，更加积极地进行应对。

作为项目负责人，昝飞策划并推动了全书的调研与编写工作，包括构建内容整体框架，确定每一板块的编写要求，修改统整书稿。陈莲俊也全程参与了上述工作。书稿前后经过三轮的编写与完善，具体有以下参与人员。

参与第一轮撰写的包括：

徐汇特教指导中心的汪蔚兰、朱丹丹、陆莲、程硕、廖斌斌以及喻潇越老师；

虹口特教指导中心的时琴琴、孙鞞郡、范珂佳、仇佩琦、吴玲、罗玉清、刘杰、李华政以及李晶晶老师；

宝山特教指导中心的朱剑平、司雯、王芳、孙怡珺以及陈奇老师。

参与第二轮撰写与修改的包括：

昝飞、陈莲俊、张畅芯、李佳宁、胡敏瑜、董婷婷、杨岩、瞿佳敏。

参与第三轮修改与完善的包括：

昝飞、陈莲俊、李佳宁。

本书的出版得到了华夏出版社的大力支持，谨此表示真诚的谢意。感谢徐汇区、宝山区、虹口区的特教指导中心张萍、朱建平、丁美珍三位主任，对本项目给予的大力支持。感谢参与调研工作的所有研究生：龚正晖、程梅、瞿佳敏、胡敏瑜、范雯婷、王雅蕙、杨超茹。感谢接受访谈的16位老师。感谢所有的编写人员。团队经过3年多的紧密合作，终于完成这本小小的册子。希望这本书能够为老师们的日常教育教学工作提供支持与帮助，也感谢给予我们宝贵意见的各位专家、领导。不足之处也敬请批评指正，以便进一步修订和不断完善。

昝 飞

华东师范大学自闭症研究中心

华东师范大学特殊教育学系

2023 年 5 月

目 录

第一部分

融合教育中的自闭症学生

自闭症，又译为孤独症，自闭症 / 孤独症谱系障碍（Autism Spectrum Disorder, ASD），是一种起源于儿童早期的广泛性神经发育类障碍，以社会交往或沟通障碍、兴趣范围狭隘或重复刻板行为为主要特征。根据社会交流以及受限重复性行为需要支持程度的不同，可以将自闭症的严重程度划分为三个水平：需要支持（轻度）、需要一定强度支持（中度）和需要高强度的支持（重度）。

随着融合教育的发展，越来越多的自闭症学生进入普通学校就读。这些学生通常障碍程度比较轻，具备一定的认知能力、生活自理能力，能够与他人有一定的社会情感交流。但进入普通学校后，他们依旧会面临诸多挑战。例如，无法恰当地与教师或同学互动，有时可能会出现对他人不理睬的现象；与教师、同学缺乏眼神的交流与对视；缺乏与同伴交往的必要社交技巧；无法顺利完成合作性任务；当遇到困难时较难主动寻求帮助与支持等。部分自闭症学生的语言理解与表达能力也与普通学生有一定的差异，他们存在一定的社会沟通障碍，不善于发起与他人的对话，容易出现退缩、不理人或是与他人相处困难等问题；也有一些自闭症学生存在一定的语言沟通问题，包括发音异常，常使用固定的句式或者不断重复听到的句子，较难进行持续性的对话等。还有一些自闭症学生会强迫性地坚持同一模式的行为，如不断重复相同的行为，当这些行为和模式被打断或者改变时，可能出现激烈的情绪和行为反应。

上述自闭症学生在学校中出现的一些行为问题，包括社交沟通问题在内，其发生原因可能与学生自身障碍的特殊性有关，如认知、社交沟通能力弱，有感觉敏感、行为重复刻板的特点等；也可能与学生作为一个儿童自然会有的需求有关，如需要他人的关注、想要喜欢的物品、想要参加有趣的活动等；或者与外界支持不充分有关，如教师的教学内容、教学获得设计、教室环境安排等不适合学生。总而言之，融合教育实践中自闭症学生出现的困难都是其自身因素与环境相互作用的结果。

融合教育实践中教师的重要任务是为有不同需要的学生提供相应的支持，使他们能够在普通教育环境中接受适合的教育，获得最大的发展。要解决上述提到的这些困难，教师需要通过各种专业服务、支持来提升学生自身的行为能力、激发他们的行为动机，也要通过创设良好的校园氛围、班级环境，调整课程与教学目标、内容、方法等，来促进学生与环境的相互适应，最终提升融合教育的质量。

自闭症学生的问题行为还需要家庭在教养观念、教养态度以及教养方式等方面做出很大调整。教师需要与家长保持更加紧密的合作，结合学生自身及其家庭各方面的特点与资源提供专业支持，以促进学生获得更全面、更长足的发展。

书号	书名	作者	定价
	教养宝典		
*0829	早期干预丹佛模式辅导与培训家长用书	[美]Sally J. Rogers 等	98.00
*8607	孤独症儿童早期干预丹佛模式（ESDM）	[美]Sally J.Rogers 等	78.00
*0461	孤独症儿童早期干预准备行为训练指导	朱璟、邓晓蕾等	49.00
*0748	孤独症儿童早期干预：从沟通开始	[英]Phil Christie 等	49.00
*0119	孤独症育儿百科：1001 个教学养育妙招（第 2 版）	[美]Ellen Notbohm	88.00
*0511	孤独症谱系障碍儿童关键反应训练掌中宝	[美]Robert Koegel 等	49.00
9852	孤独症儿童行为管理策略及行为治疗课程	[美]Ron Leaf 等	68.00
*9496	地板时光：如何帮助孤独症及相关障碍儿童沟通与思考	[美]Stanley I. Greensp 等	68.00
*9348	特殊需要儿童的地板时光：如何促进儿童的智力和情绪发展		69.00
*9964	语言行为方法：如何教育孤独症及相关障碍儿童	[美]Mary Barbera 等	49.00
*0419	逆风起航：新手家长养育指南	[美]Mary Barbera	78.00
9678	解决问题行为的视觉策略	[美]Linda A. Hodgdon	68.00
9681	促进沟通技能的视觉策略		59.00
9991	做看听说（第 2 版）：孤独症谱系障碍人士社交和沟通能力	[美]Kathleen Ann Quill 等	98.00
*9489	孤独症儿童的行为教学	刘昊	49.00
*8958	孤独症儿童游戏与想象力（第 2 版）	[美]Pamela Wolfberg	59.00
*0293	孤独症儿童同伴游戏干预指南：以整合性游戏团体模式促进		88.00
9324	功能性行为评估及干预实用手册（第 3 版）	[美]Robert E. O'Neill 等	49.00
*0170	孤独症谱系障碍儿童视频示范实用指南	[美]Sarah Murray 等	49.00
*0177	孤独症谱系障碍儿童焦虑管理实用指南	[美]Christopher Lynch	49.00
8936	发育障碍儿童诊断与训练指导	[日]柚木馥、白崎研司	28.00
*0005	结构化教学的应用	于丹	69.00
*0149	孤独症儿童关键反应教学法（CPRT）	[美]Aubyn C. Stahmer 等	59.80
	生活技能		
*0673	学会自理：教会特殊需要儿童日常生活技能（第 4 版）	[美] Bruce L. Baker 等	88.00
*0130	孤独症和相关障碍儿童如厕训练指南（第 2 版）	[美]Maria Wheeler	49.00
*9463/66	发展性障碍儿童性教育教案集/配套练习册	[美] Glenn S. Quint 等	71.00
*9464/65	身体功能障碍儿童性教育教案集/配套练习册		103.00
*0512	孤独症谱系障碍儿童睡眠问题实用指南	[美]Terry Katz 等	59.00
*05476	特殊儿童安全技能发展指南	[美]Freda Briggs	59.00
*8743	智能障碍儿童性教育指南		68.00
*0206	迎接我的青春期：发育障碍男孩成长手册	[美]Terri Couwenhoven	29.00
*0205	迎接我的青春期：发育障碍女孩成长手册		29.00
*0363	孤独症谱系障碍儿童独立自主行为养成手册（第 2 版）	[美]Lynn E.McClannahan 等	49.00

书号	书名	作者	定价
转衔|职场			
*0462	孤独症谱系障碍者未来安置探寻	肖扬	69.00
*0296	长大成人：孤独症谱系人士转衔指南	[加]Katharina Manassis	59.00
*0528	走进职场：阿斯伯格综合征人士求职和就业指南	[美]Gail Hawkins	69.00
*0299	职场潜规则：孤独症及相关障碍人士职场社交指南	[美]Brenda Smith Myles 等	49.00
*0301	我也可以工作！青少年自信沟通手册	[美]Kirt Manecke	39.00
*0380	了解你，理解我：阿斯伯格青少年和成人社会生活实用指南	[美]Nancy J. Patrick	59.00
与星同行			
*0818	看见她们：ADHD 女性的困境	[瑞典]Lotta Borg Skoglund	49.00
0732	来我的世界转一转：漫话 ASD、ADHD	[日]岩濑利郎	59.00
*0428	我很特别，这其实很酷！	[英]Luke Jackson	39.00
*0302	孤独的高跟鞋：PUA、厌食症、孤独症和我	[美]Jennifer O'Toole	49.90
*0408	我心看世界（第 5 版）	[美]Temple Grandin 等	59.00
*7741	用图像思考：与孤独症共生		39.00
*9800	社交潜规则（第 2 版）：以孤独症视角解读社交奥秘		68.00
0722	孤独症大脑：对孤独症谱系的思考		49.90
*0109	红皮小怪：教会孩子管理愤怒情绪	[英]K.I.Al-Ghani 等	36.00
*0108	恐慌巨龙：教会孩子管理焦虑情绪		42.00
*0110	失望魔龙：教会孩子管理失望情绪		48.00
*9481	喵星人都有阿斯伯格综合征	[澳]Kathy Hoopmann	38.00
*9478	汪星人都有多动症		38.00
*9479	喳星人都有焦虑症		38.00
9002	我的孤独症朋友	[美]Beverly Bishop 等	30.00
*9000	多多的鲸鱼	[美]Paula Kluth 等	30.00
*9001	不一样也没关系	[美]Clay Morton 等	30.00
*9003	本色王子	[德]Silke Schnee 等	32.00
9004	看！我的条纹：爱上全部的自己	[美]Shaina Rudolph 等	36.00
*0692	男孩肖恩：走出孤独症	[美]Judy Barron 等	59.00
8297	虚构的孤独者：孤独症其人其事	[美]Douglas Biklen	49.00
9227	让我听见你的声音：一个家庭战胜孤独症的故事	[美]Catherine Maurice	39.00
8762	养育星儿四十年	[美]蔡张美铃、蔡逸周	36.00
*8512	蜗牛不放弃：中国孤独症群落生活故事	张雁	28.00
0697	与自闭症儿子同行 1：原汁原味的育儿	[日]明石洋子	49.00
0845	与自闭症儿子同行 2：通往自立之路	[日]明石洋子	49.00
7218	与自闭症儿子同行 3：为了工作，加油！	[日]明石洋子	49.00

在自闭症学生融合教育实践工作中，需要坚持以下原则：

（1）发展性原则。自闭症学生跟普通学生一样，遵循由低到高的身心发展规律。发展性原则强调，教师在教育工作中要促进自闭症学生全面、积极主动的发展，重视他们的身心健康发展，使其养成相应的行为规范，培养多方面的兴趣。

（2）扬优补缺原则。自闭症学生虽存在一定的障碍，但也有其自身独特的优势和潜能。扬优补缺原则强调，教师在针对自闭症学生的缺陷进行补偿性干预时更要重视促进他们的自我实现和潜能开发，积极创设环境，发展他们自身的优势与特长，增强其归属感与责任感，帮助其实现个人价值，增强自信心，促进持续性发展。

（3）适应性原则。许多自闭症学生存在感知觉信息加工异常问题，对声音、触觉等刺激的感受常常比较敏感或是迟钝。适应性原则强调，教师要根据学生的需求进行适当的调整，借助合适的策略不断优化自闭症学生所处的生态环境，帮助学生集中注意力，增强参与感，从而促进他们更好地适应环境。

（4）个别化原则。自闭症学生与普通学生存在一定的差异，因此教师需要针对自闭症学生的个体差异进行个别化教学，满足符合其身心特点的发展需求。个别化原则强调，在教学过程中教师要依据自闭症学生的个体差异，采用适当的教学方法和策略，开展有针对性的教学，从而促进学生的发展。

第二部分

融合教育中自闭症学生的常见行为问题

一、攻击他人

01 动手抓人、打人、拉扯别人头发等

在日常生活中，自闭症学生可能会在与老师、同伴相处时做出抓人、打人、拉扯别人头发或者衣物等行为。这类行为轻则影响教学秩序与班级纪律，影响自闭症学生的人际关系，重则可能对他人的安全带来威胁，因此需要格外重视。

原因分析

1. **逃避任务或情境**。当自闭症学生面临新的、较难的任务，或处于不熟悉的情境中时，容易感到紧张或焦虑，想要逃离。如果现场有人阻挡他逃离，他就可能出现拍打别人，或是用力抓住身边人的肢体、衣服或头发等行为，进而摆脱他人的限制并逃离现场，最终达到逃避任务或脱离情境的目的。

2. **寻求关注**。儿童需要他人的关注，这本身是很正常的。如果儿童难以从家人、老师那里获得足够的关爱与关注，就可能通过不恰当的行为，例如打人等来引发他人的关注，从而与他人产生互动。有的自闭症学生自身的沟通表达能力比较有限，当他们想要寻求他人关注时，就可能会做出错误的行为，如抓人、打人等，从而获得他人的反馈。

3. **宣泄情绪**。当自闭症学生被拒绝、被批评、被嘲笑、被贬低或其秩序感被打破时，可能会产生愤怒、沮丧等消极情绪，为了发泄情绪，他们就可能做出打人、抓人等具有攻击性的行为。例如，有同伴不小心碰乱了他们桌面的物品，破坏了摆放秩序，可能会让他们感到非常烦躁甚至愤怒，当难以忍受时就可能直接通过推打、拉扯等肢体动作表达不满以及希望还原的想法。

对策建议

1. **创造包容支持的环境。**充满包容与支持的环境会让自闭症学生有更稳定的情绪，也有助于他们情绪调节能力的提升。因此，需要采取措施来提升环境的包容度，减少让学生产生负面情绪的情境。比如开展班级或校园融合氛围的创设活动，促进学生、家长间的理解、尊重和友爱，鼓励同伴掌握一些与自闭症学生交往的方式，减少自闭症学生由于自身障碍被他人嘲笑、贬低或排挤的可能性。

2. **调整任务，提升学生的参与动机。**如果问题行为的目的是逃避任务，则需分析学生讨厌任务的原因，然后根据具体情况进行调整。比如，大多数情况下，他们可能是因为任务难度过高而做出这一类行为，老师可以通过降低任务的难度、提供充分且结构化的任务指导来让他们更好地完成；如果是因为任务过于枯燥、趣味性不足，也可以增加任务趣味性，或者通过提供自闭症学生喜欢的奖励来增强其参与任务的动机。

3. **带学生预先熟悉陌生情境。** 如果学生是因为害怕陌生情境而做出这些行为，则可以通过模拟演练和参观等形式，带学生提前熟悉相应情境，以避免学生产生不良行为反应。例如，学校即将组织学生体检，自闭症学生非常害怕看医生，那么老师可以借助白大褂、听诊器等道具，组织同学们模拟体检的过程，以避免他们在体检时出现问题行为。

4. **帮助学生以恰当的方式获得关注。** 如果学生做出问题行为是为了获得关注，老师应帮助学生以恰当的方式达到这一目的，如：

◇ 在活动中抓住机会向自闭症学生提供关注，创造机会让周围人增加对他们的关注。如上课时多提问，创建学习小组，组织课间游戏和亲子活动等。

◇ 开展适当的训练，帮助自闭症学生学会使用恰当的行为获得关注，例如在启动与他人的互动时，可以对别人说，"我想跟你一起玩！"或"你能跟我玩吗？"训练过程中，可以用肢体动作、沟通图卡等对他们加以辅助。

◇ 模拟多种情境来让自闭症学生练习恰当的获得关注的技能，并促进他们在不同情境中运用这些技能。

5. **提升情绪调节能力。** 对自闭症学生进行个别训练，教授其掌握恰当应对愤怒等情绪的技巧，以提升他们调节情绪的能力，例如可以教学生生气时深呼吸等。

6. **设置奖惩措施和监督机制**。向班级中所有学生明确"不得攻击他人"的行为规范，并制定适宜的奖惩措施和监督机制。如果学生出现攻击他人的行为，可以采用减少他的游戏时间、去除喜欢的物品等惩罚措施；可以要求学生向被骂或是被打的同学赔礼道歉。

02 想跟人说话时出现推人或者拍打等行为

当一些自闭症学生想跟同学或者老师说话时，可能会走到他们身边，使劲推或者拍打对方。他们这样的行为不仅会干扰到老师的日常教学，而且很容易导致与同学发生冲突，并且同学不愿意再跟他们说话。

原因分析

1. 启动交往的能力有限。一些自闭症学生尚未熟练掌握启动与他人交往的社交技能。当他们想和同学、老师说话时，包括表达某种需求、提问、邀请参与活动等，由于不会说，就可能通过采取一些非言语的行为方式，包括推、拍打他人等肢体动作来进行表达。

2. 缺乏基本的社交礼仪常识。社交礼仪是指交往的双方借助语言、举止动作等形式，向交往对象表示友好。一些自闭症学生可能没有掌握基本的社交礼仪规范，比如：他们不知道跟人打招呼时是不可以推人、重重拍打他人的，于是在和别人打招呼时采取了这些行为。

对策建议

1. 教学生用恰当的方式启动交往。对于自闭症学生启动交往能力不足的情况，教师可以运用同伴示范等方法来教他们通过做身体动作、面部表情等方式靠近他人，如轻拍对方等，或者通过语言如呼名、礼貌询问等来发起互动。还可以拍摄视频，展示发起互动的恰当行为，向学生示范，让他们学会通过恰当的动作与语言启动交往。

2. 教学生掌握基本的社交礼仪。 如果学生的这一行为表现与缺乏基本的社交礼仪常识有关，教师可以开展一定的训练活动来教学生掌握这些社交礼仪。例如，见到同学与老师时用挥手的方式打招呼、告别等。教师可以这样做：

◇首先，要确定学生在哪些社交情境或者场合下所采取的社交行为是不太适当的。

◇其次，要将这些社交情境或者场合所要求的隐性的社交规则用语言、文字或者图片的形式概括出来。

◇采用情景模拟、社交故事、图片提示等方法帮助学生学习掌握相应具体的社交规则。

03 表达不满时出现骂人、打人等行为

当学生对别人有不满时，可能会出现针对他人的攻击性行为，具体可以分为肢体攻击和言语攻击两种，身体攻击行为常表现为对他人的拳打脚踢、推拉拧掐、抢夺物品等；言语攻击行为常表现为骂脏话、命令同伴、故意激怒同伴等。针对他人的攻击性行为容易给他人带来安全隐患，还可能严重影响学生的人际关系。

原因分析

1. 不能用恰当的方式表达不满。在自己的要求被拒绝或喜欢的物品被他人抢走时，自闭症学生可能没有足够的能力用恰当的言语表达自己的愿望或情绪感受，因而使用攻击性行为来表达不满。若这种方式使得他们的要求被满足或被抢走的物品再被抢回，他们就会受到错误强化，学会这一行为。

2. 不懂得合理调节情绪。不少自闭症学生在出现不满情绪时常常不懂得使用合适的方法来进行调节，有时可能会通过攻击他人来发泄情绪。

3. 不能用恰当的言语来表达需求。一些自闭症学生之所以感到不满是因为自身的某些需要受到他人的阻碍而未得到满足，比如，想要得到某种零食、物品却没有得到，希望得到他人的认可反而被嘲笑。而导致出现这种情况的根本原因往往是他们没有学会用恰当的沟通方式来向他人表达自己的愿望、要求，而是直接采取一些错误的行为，比如未经同意直接拿取，被拒绝后继而骂人、打人。

对策建议

1. 及时制止学生的攻击性行为。 为避免对他人安全造成实际伤害，教师应及时制止学生的攻击性行为。教师可以先进行口头劝说，此时声音和行为举止都要保持冷静，用语应尽量简洁、清晰、具体，如"手放下"，不能喋喋不休，也不要强迫他们必须用语言回应。如果口头劝阻不管用，教师可以先短暂带离学生，让学生冷静下来。对于打人行为，教师可以采用一定的身体限制进行制止。

2. 教授学生认识并合理表达、调控情绪。 首先，要引导学生认识自己的不满情绪，了解自己不满情绪产生的原因。其次，要教导学生，在体验到这种情绪时可以做出何种表情和姿势来表达，但不能打人或者骂人；还可以告诉好朋友自己的心情，或者展示相应的表情符号，如哭脸符号。

对于情绪觉察能力较好的自闭症学生，可以鼓励教导他们用恰当的方式疏解不满情绪，如通过深呼吸、数数等方式放松心情，用语言暗示自己"不生气、不生气"。还可以寻找一些替代物让学生合理发泄情绪，如扔沙包、打沙包等。

3. 发展良好的沟通方式合理表达需求。如果分析出学生的攻击性行为的目的是满足需求,老师可以教授学生用恰当的沟通方式来表达这些需求。老师可以与学生探讨遇到令人不满的情形时该怎么说、怎么做。

例如想玩他人的玩具但被拒绝时,可以再次礼貌地询问对方能否将玩具借给自己玩一会儿;再如,当被他人欺负时,应及时告知老师或家长,由老师教育欺负自己的同学。

04 受到老师批评时大声哭叫甚至打人

　　一些自闭症学生受到批评时会表现出发脾气的行为，比如哭闹、尖叫、扔东西甚至打人，这样的行为如果在课堂教学过程中发生，就会影响到教师后续的教学活动，严重的打人行为还可能给其他人带来安全隐患。

原因分析

1. 让老师停止批评。 一些自闭症学生出现大声哭叫、打人等行为之后，老师常常会停止批评，因为这些哭叫、打人行为会对课堂教学秩序造成严重干扰或者具有危险性，老师通常会转而处理学生的这些行为，而不是之前的错误行为。久而久之，他们就可能学会通过这样的大声哭叫、打人来让老师停止批评的行为。

2. 表达对老师批评的不满。 被他人批评时，学生容易产生负面情绪，这是很常见的事情。一些自闭症学生在情绪控制方面存在不足，又由于表达能力落后，难以用言语来表达自己的想法和感受，被批评时，就可能通过上述发脾气行为来表达不满、发泄情绪。特别是如果对方批评错了，他们更是会感到委屈，相应的行为也会更加激烈。

对策建议

1. 用矫正型反馈替代简单批评。 当学生犯错误时，教师将反馈的重心放在引导学生做出恰当行为上，而非一味强调学生做得不对，这会让学生更容易接受他们的批评。反馈时，教师要注意语气平和、坚定；语言直接、具体，不会让学生引申到其他事情，比如老师喜不喜欢自己、自己笨不笨等涉及自尊的内容。对于特别敏感的学生，还可以借助书面等更为柔和的形式提供反馈。

2. 平日多加表扬激励，避免错误批评。不容易接受批评的孩子大多在日常生活中缺乏他人的赞赏。因此，在日常学习生活中，老师要多表扬、激励学生，对他们认真、努力的表现给予肯定，这样学生就更容易自信、乐观，更有可能对批评形成较高的容忍力，更能认真听取批评。

具体做法是多为学生布置经过努力就能够达成的任务，在学生表现出期望的行为后及时对其表扬或激励。老师还应尽可能避免错误批评，减少"冤枉"学生的情况。老师要仔细观察学生，掌握证据，不要还没弄清楚情况就轻易批评。

3. 及时制止和安抚学生，待学生平静后再教育。对于受批评后容易出现情绪爆发的学生，教师在批评时要注意观察学生的反应。学生如果在被批评后做出过激行为，要及时制止和安抚他，可以将他暂时转移到其他安静的房间，等他情绪稳定之后再谈话。谈话时注意先对学生的不良情绪体验表示理解，再开展其他教育。对于总是用发脾气行为来发泄情绪的学生，可以教授其恰当的情绪疏导方法，例如通过深呼吸、数数等方法来放松心情。

4. 指导学生恰当应对批评的方式。教师可以通过教社交故事、教绘本、展示视频示范、模拟情境等方式，帮助学生认识到对待批评的正确态度是怎样的，可以怎么应对他人的批评。例如，可以引导学生认识到：

◇无论是谁，只要做错了，就有可能被批评；

◇被他人批评时，应认真思考自己做错了什么事情；

◇如果对方批评得对，则虚心接受，然后改正错误；

◇如果不知道如何改正，可以请老师指导；

◇如果对方批评得不对，误会了自己，那么应该尝试向对方解释事实。

考虑到有的自闭症学生的语言表达能力可能有限，老师在遇到这种情况时应给予辅助，例如，通过"简单描述事件 + 对不对？是不是？"这样的对话方式帮助学生了解老师的意图。

二、自我伤害

05 反复拍打或撞击自己的头部

　　自闭症学生有时会突然反复拍打或者撞击自己的头部，甚至可能还停不下来。这样的行为不仅会影响他们的身体健康与学习，还会引起教师与同伴的不安、担忧与害怕。

原因分析

1. 宣泄愤怒情绪。一些自闭症学生拍打或者撞击头部是为了宣泄愤怒情绪。引发他们愤怒情绪的情况主要包括：被同伴误解、作业难以完成、喜欢的玩具被拿走等。

2. 满足自我刺激或感觉调整需求。这一行为可能与自闭症学生感觉上的特殊需求有关。具体有以下几种情况：

◇ 有些自闭症学生可能有头疼的问题或者有其他特殊的身体疼痛，因此采取拍打或撞击头部的方式来缓解。

◇ 当所处的环境给自闭症学生带来不适时，他们也会拍打或撞击头部来进行感觉调整，以减少不适感。

◇ 部分自闭症学生可能会为了寻求舒服、愉悦的感受而轻轻拍击自己头部，头部震动的感觉可能带给其特殊的刺激。

3. 表达某种需求。一些自闭症学生存在某些社交沟通技能的不足，往往难以表达自己的身体不适情况，比如头疼，拍击或撞击自己头部的行为可能是其表达身体状况的一种方式；有些自闭症学生难以表达自己的拒绝，当遇到不愿意或者不开心的事情时，也可能采取这一方式来表示拒绝。

对策建议

1. 及时制止行为，减轻不良影响。拍打或者撞击头部的行为可能会给学生造成一定的伤害性结果。因此，当学生出现这一行为时应及时制止，教师可以握住其手腕，用温柔坚定的眼神或轻柔的语言进行安抚，必要时可将学生快速带离该场所，等学生平静下来再了解原因。

2. 调整环境，减少不适感。教师应了解学生的具体情况，尤其是一些生理的特殊状况，以便采取预防措施或提供替代方式来满足学生的需求，从而尽可能避免这一行为发生。

◇如果学生存在身体不适，教师应根据医嘱做好准备或者给学生服药，尽可能减少不适对学生行为的影响。

◇注意自闭症学生是否对环境的温度、噪声水平等有特殊要求。如果有，教师则可事先调整环境到适宜的水平，让学生在舒适的环境中学习。

◇确认学生是否对能提供某种感觉刺激的材料或活动有特

殊偏好。如果有，准备特殊的辅具或者活动，比如用按摩球进行碰触，让其用他人可以接受的方式获取相应的感觉刺激。

3. **教学生用恰当的沟通方式表达需求**。教师可以教学生在其感到头痛或者身体不舒服时如何通过简单的语句，或者举手、写字、画画以及展示图片等方式进行表达；若拍头是学生表达拒绝的方式，则需要根据学生的具体情况帮助其学会用恰当的方式进行拒绝。

4. **教学生用恰当的方法进行情绪管理**。对于因愤怒而出现的拍打、撞击头部的行为，老师需教学生用恰当的方法管理自己的愤怒情绪，比如放松呼吸、合理宣泄情绪、写情绪日记等，从而减少或避免其拍打或者撞击头部行为的发生。

三、扰乱课堂秩序

06 在课堂上突然大哭、尖叫

一些自闭症学生会在课堂教学过程中突然尖叫、大哭，这时老师往往不得不停止授课，对其进行安抚，或将其带离。这一类明显不适当的情绪行为，会对课堂正常教学秩序带来干扰，如果持续发生，会影响学科教学的正常进度。

原因分析

1. 表达需求。导致自闭症学生哭叫的因素有很多，累了、病了、饿了等都会影响到其行为表现。由于部分自闭症学生在语言表达和情绪控制等方面存在困难，为了表达自己的需求，或当其需求未得到满足时，他们就会大哭、尖叫等。例如，当他们看到其他同学获得奖励而自己没有获得时，可能会开始哭闹。如果教师不予理睬，他们可能会一直哭，最终影响班级的课堂教学。

2. 宣泄情绪。在喧闹或拥挤的环境中，自闭症学生的情绪容易受激惹，有时可能出现大哭、尖叫或其他情绪行为问题。例如，如果教师在授课过程中安排了小组讨论，当同学们进行热烈的分组讨论时，班级环境就会相对嘈杂，会使自闭症学生感到不适与烦躁，因而产生负面情绪，有时他们会试图通过大吼或尖叫来宣泄这种烦躁的心情。

3. 寻求关注。和普通儿童一样，自闭症学生有获取关注的需要。在集体课上，由于教师需要兼顾到整个班级的情况，每个学生受到的关注都相对有限，自闭症学生的大哭、叫嚷可能也会有吸引老师关注的目的存在，教师需学会理解行为背后的真实需求。

4. **逃避任务或惩罚**。有时教师或其他人员会对自闭症学生提出要求，学生预感有难度或不愿意接受，或是做错事情时，为避免受到批判或其他惩罚，他就会出现大哭、喊叫等行为。

对策建议

1. **预防负面情绪**。在应对自闭症学生的问题行为时，先要采取预防措施。教师首先要充分了解自闭症学生的情况，在安排课程的时候，适当减少自闭症学生不愿意参与或难以参与的活动，以免触碰到自闭症学生的情绪开关。此外，课堂上也要密切关注自闭症学生的细微情绪变化，提前给予处理，以预防问题行为的发生。

2. **暂时的隔离和冷静**。当自闭症学生在课堂上出现了大哭、尖叫的行为时，首先，要确保在场的教师、学生本人以及其他人的安全，去除环境中的危险因素。其次，教师的声音和行为举止要保持冷静，尽量少言，要给予学生冷静的时间，不能强迫学生回应，用语应尽量直接、清晰、具体，以避免进一步刺激自闭症学生，导致情绪失控加重。可以指导学生做一些有始有终的活动，如喝水、数数、深呼吸等，让其慢慢冷静下来。也可以让学生在外面，如操场慢走一会儿，或让学生去事先选定好的某个安静区域，给予平复情绪的时间和空间，直至其完全放松下来时，引导学生回到班级。

3. **帮助学生掌握调节情绪的方法。**教师可以鼓励那些情绪觉察能力相对较好的自闭症学生，在他们感觉到不开心、烦闷的时候，通过摸摸自己的手、肩膀等身体部位，或是默数秒数等方法来调节负面情绪。如果自闭症学生能够自我控制、冷静下来，教师需要对这一积极的调控行为进行肯定，也可以适当地奖励他们喜欢的食物或者实物，进而提高他们的情绪自我控制能力。

4. **帮助学生以恰当的方式获得关注。**例如可以教学生在启动与他人的互动时，对别人说，"我想跟你一起玩！"或"你能跟我玩吗？"训练过程中，可以用肢体动作、沟通图卡等对学生加以辅助，模拟多种情境来让学生练习恰当的获得关注的技能，并促进其在不同情境中运用这些技能。

07 在课堂上突然离座

　　在课堂上一直保持安坐对自闭症学生来说可能是一种挑战。他们可能会突然起身离座，走来走去，甚至离开教室，这种行为会扰乱正常的课堂秩序。离开教室还会带来一定的安全隐患。

原因分析

1. 需要自我刺激或进行感觉调整。一些自闭症学生在感知觉方面存在特殊需要，长时间的静坐或者刺激水平低的活动会让他们的兴奋水平降低，需要通过动一动的方式来获取刺激，从而提高兴奋水平。还有一些自闭症学生对声音过度敏感，教室里的讲课声、讨论声等会让他们感到非常刺耳，因此一段时间后想要离开教室，寻找安静的环境。

2. 逃避上课。普通学校一节课的学习任务比较繁重，自闭症学生如果无法跟上教学的节奏，心神游离在课堂之外，会感到无所事事，加上所处的活动范围狭窄，动作幅度受限，容易产生焦虑情绪，由此出现离座、离班等行为，以达到逃避上课的目的。

3. 寻求关注。在集体课中，老师无法把全部精力只放在某一个自闭症学生身上，这时有的自闭症学生为了吸引老师的注意力，或者发现老师的目光不在自己身上，就会离开座位，在教室里走来走去，甚至离开教室，直到老师制止他。

4. 未学会课堂常规。以上是从行为功能角度分析的三种原因，如果从学生技能发展的角度分析，第四种原因可能是未学会课堂常规。课堂教学过程中，老师未必会反复强调课堂常规。一些自闭症学生思维刻板，可能会以为仅有老师提醒过的课需要静坐；还有些自闭症学生可能未将课堂常规牢记在心中，再加上产生了自我刺激等需求，于是出现了离座、随意走动的行为。

对策建议

1. **提供可以合理离座的机会**。有些自闭症学生的认知能力较弱或兴奋水平较高，在学习课堂常规方面存在很大困难。教师应在理解的基础上适当降低课堂纪律要求，在教学过程中提供离座的合理机会，满足自闭症学生的身体感觉需求。

◇ 允许他们在安静坐好一段时间后，到教室后面走一走，但要保持安静，不能打扰教师和其他同学。
◇ 借用提问、上前拿东西、帮老师分发作业或考卷、擦黑板等机会提供合理离座的机会。

2. **增加或者调整外部环境刺激**。如果学生对声音、光线等过于敏感，可以适当调整环境中的这些刺激输入。对于兴奋水平过高的学生，也可以根据学生情况适当增加其活动机会。

◇ 如果学生因老师讲课或课件声音过于尖锐刺耳而跑出教室，老师可以适当调整这些声音，或给学生提供降噪耳塞，让其在需要时戴上。

◇ 如果学生对光线过于敏感，可以适当调整环境光线或学生的座位。如学生总是因为直射教室的阳光太过刺眼而起身离开座位，那么可以及时拉上窗帘，或者将学生的座位调整到远离阳光的位置，还可以允许他们在需要时戴上墨镜。

◇ 如果学生的兴奋水平比较高，对动觉刺激有很高需求，可利用课间时间，安排学生在操场跑步、和同伴玩游戏等活动，增加他们的活动量，宣泄多余的精力。

3. 提供适时的关注和鼓励。教学过程中教师需主动关注自闭症学生，尤其是当他们表现良好时，以预防离座行为发生。

◇ 给予自闭症学生肯定，告诉他们"你很棒""你可以的""真认真"等，保持学生参与课堂学习的动机。

◇ 与自闭症学生保持较多的目光接触，让他们直接感受到教师的接纳和认可，提升他们参与课堂的积极性。

4. **设计合适的教学活动。**教师可以合理利用多媒体、教具学具等创设生动有趣的学习情境，调整教学活动的内容和组织方式，增加趣味性，动静合理分配，以适应学生的生理兴奋水平变化，激发他们的课堂参与兴趣，提高注意力稳定水平。

5. **强化行为常规并及时提醒。**教师可制定有关离座行为的课堂规则，并通过各种方式对行为常规进行强调，提醒学生上课时要坐在自己的位置上。

◇ 上课前向学生强调课堂常规，和学生一起回顾课堂规则，确保学生明白课堂上要坐在自己的位置上。

◇ 利用图片等视觉提示，明确课堂常规。比如在课桌上贴上两张图片，一张是认真听课的图片，下面打着钩，表示应该这样做；另一张是用手抓凳子的图片，下面打着叉，表示不能这样做。

◇ 教师可采用恰当的方式提醒引导学生在需要时如何满足自己的感觉需求。可以事先约定好"提醒"手势，当学生准备离开座位时，教师做出"提醒"手势，引导他做出恰当的课堂表现行为。

◇ 可以把自闭症学生的位置调整到最靠近老师的地方，旁边安排班级中同伴协助能力较好的同学，方便老师和同学一同提醒。

6. 利用助教资源。当自闭症学生离开座位、离开教室等行为在一节课中发生次数较多并可能有安全隐患时，也可以考虑增加课堂上的辅助人员，如助教老师或陪读人员。

辅助人员的任务包括协助自闭症学生参与课堂活动、完成学业任务，及时制止他们的离座行为和其他扰乱课堂的行为，引导他们适应课堂节奏。

但要注意，辅助人员只是暂时性地介入，要避免长期陪同可能带来的学生依赖性问题。随着自闭症学生适应课堂的能力逐步提高，应逐步撤销辅助。具体做法：从坐在自闭症学生身旁辅助→坐到较远位置上提醒→在教室外等候，只在出现问题行为时干预→撤出辅助。

08 在课堂上反复出现自言自语等行为

　　一些自闭症学生会在课堂上反复发出与学习无关的声音，或者大量自言自语，如广告语、动画片中的内容等与课堂教学无关的话，这样的行为会干扰正常的课堂教学秩序，影响他们自身的课堂参与，严重的还会影响到师生关系和生生关系。

原因分析

1. 满足内在的感觉需要。不少自闭症学生对于感觉刺激有着不同寻常的需求，而刻板重复的言语能够为其带来一定的感觉刺激。当自闭症学生处在压力或焦虑不安的情境下时，他们可能会自言自语，声音高到可以盖过其他可能诱发神经紧张的吵闹或事件，促使他们将注意力从令其不安的事情上转移到自己说话这件事情上，最终帮助自己平静下来。

2. 寻求关注。当学生很难通过良好的表现获得关注时，也可能通过自言自语来获得他人的关注。如果学生自言自语的行为出现后总是跟着老师的喝止、同学的哄笑等，那么这一行为的功能就可能是寻求周围人的关注。

3. 自我控制能力不足。一些自闭症学生可能因自控能力较弱，难以克制自言自语行为，会不分场合地发出无关声音、说无关的话语。他们也可能无法准确地感知和把握自身的音量，导致自言自语的声音过大，严重影响教学活动。

对策建议

1. 保持适度容忍。如果学生的需求是合理的，且自言自语的音量不会干扰他人学习，甚至还能帮助其调整到更好的学习状态，那么老师和同学可以尝试容忍这种行为。如果行为背后的需求不合理，或者需求合理但已经干扰到了他人，则要采取其他应对措施。

2. 出现行为征兆时及时提醒。当自闭症学生出现轻声的自言自语时，老师可以及时运用视觉提示，例如"嘘"的手势、"保持安静""小声说话"等视觉提示卡，提醒其保持安静。

3. 教授应对压力和焦虑的适当方法。如果自闭症学生的自言自语行为与压力或焦虑有关，可以使用以下这些方法来应对。

◇ 向学生表达理解并安抚学生，让学生感受到被尊重、被爱护，从而缓解其焦虑。

◇ 帮助学生转移注意力。例如，当有陌生老师在教室里听课时，某位自闭症学生就会自言自语以应对紧张害怕情绪，老师可以为他调整座位，让他看不到听课老师。

◇教授替代行为。教会学生使用与自言自语同样起到缓解压力或焦虑、但更少干扰课堂的新行为，例如：在其感到压力或焦虑时任意挤捏小球。

4. **优化教学手段、任务**。教师需充分考虑自闭症学生的注意力保持时间、学习风格、认知偏好等因素，采用视觉提示、多感观教学、动静结合等教学手段让学生尽可能参与到各项学习活动中，必要时提供个别化任务，以减少其无聊时间，从而降低自言自语行为出现的可能性。

5. **加强自我控制力训练**。对于自我控制能力不足的自闭症学生，可以利用午休、资源教室学习时间，对其开展自我控制力的针对性训练。利用教授社交故事、视频示范、同伴示范等方法，帮助自闭症学生分辨"哪些场合可以自言自语"和"哪些场合只能放在脑海里想"，并且掌握"在不同场合发出不同音量"的办法。在训练过程中，要充分考虑自闭症学生的认知水平及学习特点，多采用直观的图片、设置真实的情境进行训练。

四、不遵从指令

09 对提问或者要求完成任务的指令置之不理

　　一些自闭症学生在课堂上表现出对教师的指令或者提问置之不理的行为，他们自己干自己的事情或发呆。这种行为一方面会对课堂教学的顺利开展形成干扰，另一方面对学生本人的成长发展也会造成一定的负面影响。

原因分析

1. 没有接收到教学指令。 对于自闭症学生对教师的教学指令充耳不闻的情况，首先，要考虑学生有可能没有接收到教师的指令。一些自闭症学生对口语指令不敏感，当老师发出面向所有学生的指令时，他们可能没有意识到自己也是集体中的一员，也需要执行指令，于是就忽略了指令的内容。其次，当环境中出现一些强吸引力的刺激物，例如巨大的声响、学生喜欢的物品等，他们极容易将注意力转移到这些刺激物上，有时会错过教师的指令，表现出对指令置之不理。

2. 口头教学指令的理解难度大。 教学过程中教师大多会直接使用口语下达教学指令，而对自闭症学生而言，理解口头指令是十分困难的，尤其当教师的指令比较复杂时，理解难度会更大，这就会导致学生无法对教师的要求做出回应。

3. 逃避活动和任务。 如果学生对指令所指的活动或任务不感兴趣，或者活动或任务的难度较大，学生也可能会选择采用不回应的方式来逃避后续的活动或任务。

对策建议

1. 确保学生接收到教学指令。教师应确保自闭症学生及时接收到教学指令，使学生能够将注意力集中到后续的教学活动与任务上。教师可以借助在下指令前呼名、说"看看我"、改变指令声调和节奏来帮助学生注意到指令。

2. 使用示范、视觉提示策略辅助学生理解。自闭症学生在视觉学习方面比较有优势。教师可以边发出指令边做出相应的动作、拿出相应的图片等与指令有关的视觉化材料，提问学生指令内容，帮助学生理解需要执行的动作。教师还可以安排助学伙伴进行即时辅助，让他为自闭症学生解释指令、示范指令，提示自闭症学生执行等。

3. 采用简单指令，放慢语速。在日常教学中，教师下达的指令要符合自闭症学生的认知水平，含义简单，对核心词语或者短语的表达要准确，尽量使用生活化的语言，避免复杂的句式和语法。在传达指令的过程中，适当放慢语速，对于指令的关键，用词要简洁清晰，语气加重，音量提高。并借助肢体、图片或是文字的视觉提示，引导学生按要求执行指令、完成任务。

4. 在各种情境中创造机会，帮助学生学习和练习指令。教师通过在不同情境中帮助学生熟悉常规指令的意思并不断练习，使得学生能够在不同的场景中对这些指令准确、快速地反应并执行。教师可以在日常集体教学时多对自闭症学生发出单独的指令，也可以与资源教师配合，帮助学生在资源教室中单独练习，或通过制作示范视频开展教学。此外，教师还可以和家长合作，由家长在家里模拟上课时的常规，相关视频也可以在家里使用。

5. 调整后续的任务与活动，避免学生的拒绝。教师要针对学生的水平和特点，调整任务和活动。比如，丰富任务和活动的内容和形式，增强学生参与的兴趣，提高学生学习的动机，使学生的注意力能够更集中在任务与活动上。教师也要注意任务与活动的难度，避免难度过高或过易，与学生的发展水平差距过大，引起学生的排斥心理。

10 要求完成任务时出现哭闹等行为

自闭症学生可能会在教师要求完成某项作业任务时出现哭闹、扔本子或文具等行为，教师常常需要停止授课去处理，这不仅影响课堂教学的正常进行，也阻碍自闭症学生的课堂参与。

原因分析

1. **情境快速变化导致适应困难。**自闭症学生通常在注意力转移方面存在一定缺陷，即较难从一个情境转移到下一个情境。当教师布置作业任务时，他们可能还沉浸在之前的情境之中，难以立即转移到当下的情境。此时出现的发脾气、哭闹等行为具有表达拒绝情境转换的功能，他们更希望继续先前的任务，或者需要教师对新情境做更充分的预告和过渡。

2. **认知负载较小，需要适时休息或者放松。**自闭症学生的认知负载较小，难以长时间连续学习。在之前的教学活动过程中，他们可能已经消耗了大部分认知负载，需要短暂的休息或放松。如果此时教师布置作业任务，他们就比较容易出现情绪行为问题。

3. **对任务缺乏兴趣与完成动机。**如果需完成的任务不是学生感兴趣的，周围人又没有给予恰当引导，同时也缺乏对完成这类任务的奖励，学生的学习动机低，他们就很容易出现拒绝的行为。这类拒绝行为常常伴随厌烦之类的负面情绪。

4. **任务难度过大。**如果教师布置的任务对于自闭症学生来说太难或是存在一定的挑战，发脾气等行为的功能常常就是逃避、不想完成教师布置的任务，以避免失败。

对策建议

1. **预先告知任务**。首先，可以预先说明课堂的任务安排，为自闭症学生提供清晰、明确的提示，让他们事先了解自己的学习活动。其次，通过程序性、结构化的教学指令，让自闭症学生熟悉任务的具体步骤。如布置任务前，告诉他们"我们先……然后再完成……"可利用自闭症学生的视觉优势，使用日常沟通的手势、图片或者流程图等视觉工具，帮助他们理解任务要求和活动流程。

2. **适当安排休息、给予奖励**。针对自闭症学生认知负载小的问题，教师可在布置任务时，给予他们一段短暂的休息或放松时间，或给予一定的小奖励，从而缓解疲劳、激发兴趣。

3. **充分发挥教师的期望效应**。教师对自闭症学生要有积极的期待和持续的鼓励，并利用其自身的兴趣或强项来激发其学习动机。例如，当学生能听从指令，认真尝试完成作业任务时，可以进行社会性表扬。一些自闭症学生很渴望得到教师的夸奖，因此及时给予强化是非常重要的。

4. 调整作业任务。通过调整作业任务、寻找替代任务或改变作业形式等方式降低任务难度，提高学生完成作业任务的可能性，增加其学习参与度。

◇ 通过任务分解，降低任务难度。对于有一定难度或数量较多的学习任务，教师可先将学习任务分成若干小任务，然后再分阶段呈现相应的小任务。待学生完成一个小任务后，再进行下一阶段的小任务。学生每完成一个小任务教师要及时给予奖励，从而提高他们完成作业任务的动力。

◇ 改变作业形式，允许学生使用自己喜欢的工具来写作业，如平板电脑等。

◇ 发挥资源教室的功能，对学生进行个别化干预，提供额外的学业辅导，帮助他们减少对学业任务的畏难情绪。

5. 提升情绪调节能力。自闭症学生不会无端地发脾气，在情绪爆发前一般会有先兆，如晃动身体、眉头紧皱、哼叫等。教师可通过情绪调节能力训练，引导自闭症学生认识自己的情绪，让他们用深呼吸或者数数来调节自己的情绪。

也可使用一些安抚技巧。若学生的情绪久久不能平复，可以在教室里设置一个"安全角"，或事先选定好某个安静区域，让学生在此类区域休息片刻再回到课堂中。

6. **教授适当的沟通方法**。当自闭症学生产生情绪问题时，可依据其语言发展程度，教授其简单的表达方法，如在作业任务完成过程中表达"玩""想玩""休息一会儿"等。通过基本沟通技能训练，引导其以合理的方式表达自己的需求，问题行为发生的频率会有所降低。

五、特殊的重复刻板行为

11 课程安排临时变动或常规调整时难以适应

　　课程安排临时变动或作息时间临时调整（如换课、拖堂或者课间被占用等）时，一些自闭症学生会难以适应，表现为不断重复原有课程名称，或者在教学还未结束的情况下，依据原来的作息时间，提前离开座位等，这对课堂正常的学习活动造成干扰。

原因分析

1. 难以理解日程的变化内容。一些自闭症学生缺乏观察能力，无法从各种相关信息如老师的语言指令、同学的反应等，理解课程安排和作息时间的临时变动，导致他们无法适应现实发生的变化而情绪崩溃。

2. 转换困难，难以应对。当变化出现时，一些自闭症学生因缺乏应对的能力，表现出情绪和行为的问题。自闭症学生接收到"调换"信息后，自己可能无法进行相应的准备工作，由此慌张失措，进而出现"不适应"的表现。

对策建议

1. 提前预告日程变化。课程安排或作息时间等常规计划改变前，可以通过预先告知的方式，提前通知给家长和学生，让学生对变化有所预期，从而对转换做好心理准备。通常来说，如果即将发生的事情是自闭症学生喜欢的，他们会更愿意参与到转变中来。因此，需提前引导学生理解课程、作息时间等的转变是正常的，或是对他们有益的。

2. **提供视觉支持，促进学生对临时变化的理解。**教师可以根据日程变化的内容制作视觉支持工具，帮助学生更好地理解或者行动。教师可以这样做：

◇ 与学生一起制作活动安排表，表中包括更改后的活动内容、时间、场地、道具等信息，让学生更加明了。

◇ 制作"延迟下课"等表示临时变化的视觉提示卡；预先教授学生每种提示卡的含义，学生理解含义后，当教学安排有临时变动时，教师可以在课堂中使用视觉提示卡对学生进行提前预告，帮助其理解变化。

◇ 如果学生需要自行离开，训练其在离开前通过提示卡或者手势向教师示意，得到同意后安静离开教室。

3. **掌握恰当的方法，应对临时的日程变化。**教师需要通过训练帮助学生掌握恰当的方法，以调节临时变化带来的不良情绪。

◇ 掌握各种图片符号、语言提示等工具的运用，以便在不良情绪出现时进行放松、转移注意力，从而达到调节情绪、避免情绪爆发的效果。

◇通过游戏形式，模拟日程变化后的活动情境，帮助学生为新的活动安排做好准备，如按课程或者活动变化要求更换课本、更换教室、更换学具等。

4. **安排同伴，帮助学生更好地适应日程变化。**教师可以在班级中选择接纳度高、能力强的同学作为自闭症学生的同伴指导者，在课程或者活动临时变动时及时提醒并引导其做好准备。

5. **保持适当容忍，允许学生有更多时间适应。**对于学生因临时调整而出现的不适应行为，要抱以适当容忍的态度，给予学生安抚、安慰，让其有多一些的时间进行适应，并鼓励其努力控制不适感。

12 不断地摇晃身体或身体部位

　　坐着或者站着时不断地摇晃身体，或者伸出手不断摇晃、翻转，这是自闭症学生常常出现的一类重复刻板行为。

原因分析

1. 满足自我刺激的需求。自闭症学生的自我刺激行为一般来自身体的内在需求。为了寻求持续的刺激或更持久的感觉输入，他们可能不分场合地表现出动来动去、坐立不安等类似多动的行为。有的自闭症学生在某些课堂上频繁出现这类行为，是因为教学内容超出了他的认知水平，课堂参与难度大，于是用这类行为打发课堂时光。

2. 缓解不良感觉刺激引发的不适。一些自闭症学生存在感知觉过度敏感的问题，如果教室环境中的光线、声音、气味等因素，引发自闭症学生身体不适，他们也会通过不断地摇晃身体、不断晃手等方式缓解不适。

3. 寻求老师的关注。由于普通课程的内容往往超出自闭症学生的认知能力范围，导致他们难以参与到课堂活动中，因而无法通过良好的学习行为获得老师的直接关注。而当他们出现反复摇晃身体或晃手的行为时，老师的制止会让他们感受到了被关注。

对策建议

1. 保持适度容忍。 如果学生摇晃身体的行为产生的干扰较小，教师可以适当容忍这一行为。此时可以通过让学生回答问题等方式终止该行为。

2. 帮助学生发展合适的满足自我刺激需求的行为。 教师可以帮助学生尝试寻找更有意义的行为，或者更容易被社会接受的行为来代替不当的自我刺激行为。比如：

◇ 需持续久坐时，允许学生适时起立、在课桌边站一会儿或换座位等获得刺激满足。

◇ 选择适当的学生喜欢的物品作为替代物，如小手巾、不易产生噪声的橡胶球、橡皮泥或其他不会发出噪声的学具等，让他们摸这些物品来满足刺激需求。

3. 调整教学活动。 教师可以根据自闭症学生的能力水平、神经活动特点、兴趣等，对教学活动进行设计，优化教学目标和内容，改变教学活动组织形式。采用多感官教学，利用学生的视觉优势，及时采取言语、身体动作、手势、图片等方式辅助教学，尽可能让学生参与到教学活动中，避免学生因无聊而产生自我刺激行为。

4. 调整环境安排。根据学生需求调整环境布置，包括座位安排等。

◇若学生对较强的光线敏感，可将其座位调整至离窗户较远的位置，以避免直射光线刺激学生。

◇若学生对较响的声音敏感，教师可以将其座位调整至离讲台较远的位置，将教师讲课时的声音刺激降低。

◇若学生的行为是为了寻求关注，可将学生的座位安排在教室前方，让学生能多得到教师的课堂关注；教师可以时不时地走到学生身边看一下他，不时对其进行提问，让他保持对课堂学习任务的兴奋度和专注度。

13 重复做喜欢的活动，很难停止

　　一些自闭症学生接触到喜欢的活动就坚持重复做，教师要求或劝说停止后也难以停下来。例如，在课堂上碰到自己喜欢的画画任务，他们就会一直画，即使教师已经要求大家放下笔、开始下一项活动，他们也难以停止。如果自闭症学生一直沉浸在某项活动中，会导致其难以正常参与课堂学习，造成学业失败。

原因分析

1. 行为方式刻板重复和兴趣狭隘。行为方式刻板重复以及兴趣狭隘，是自闭症谱系障碍的核心特征之一。部分自闭症学生可能会执着于少数自己感兴趣的活动，因此在接触到自己喜欢的活动之后往往坚持重复做，并且很难停止。

2. 注意力转移困难。部分自闭症学生存在注意力转移困难的问题。课堂上老师的连续性教学会使学生表现出一直重复之前某种活动的行为，而不容易将注意力及时转移到老师所指示的下一个活动或任务中。

3. 语言理解困难。一些自闭症学生存在听觉信息处理能力的缺陷，导致其难以将听到的信息转换为实际执行的行为；也可能存在言语语言理解困难，导致其虽然听到老师的指令但难以理解，如不理解"停下"与"开始"是什么意思。因此，当听到老师发出这类指令时，他们会表现出没有回应而继续重复、持续手头的活动。

4. 满足社会性需求。自闭症学生有时是出于表达一定的社会性需求，例如，希望获得老师的单独提示，自己对下一个教学活动不感兴趣，或者后续任务太难、不愿意做等，而一直重复同一种活动。

对策建议

1. 提供日程表，预告活动。 在涉及多个教学活动时教师可以通过日程表提前告知学生活动的内容，帮助自闭症学生在一个活动结束之后顺利进入到下一个活动。一方面，教师的预告内容要能够为学生所理解，可以采用视觉化提示、活动时间表等方式；另一方面，教师要预告活动的时间长度，让学生能够知道一个活动需要持续多长时间以及在何时停下。

2. 调整指令难度，分解任务步骤。 教学指令过多或过难时，自闭症学生往往难以理解，教师需调整指令难度。

◇尽可能分解指令，把包含多个指令的一句话进行拆分。例如，将"小明现在把笔放下，拿起你的彩纸，我们现在开始折纸"拆分成多个精简的短句，"小明，放下笔"，学生（小明）完成这个任务之后再布置下一个任务，"小明，现在开始折纸"。

◇可以单独给予指令或者给予个别化指令，明确提示学生
进入后续的教学活动。

3. 丰富教学活动，吸引学生兴趣。教师需要在日常教学中
让自闭症学生有机会接触到不同类型的活动，使他们对各种活
动产生广泛的兴趣。这样可以在需要将注意力转移至下一活动
时，避免学生因对该活动缺乏兴趣而固着于上一活动，也不会
因对单一活动产生过于强烈的兴趣而不愿意停止该活动。

六、沟通中以自我为中心

14 被同伴邀请一起活动时没有反应

　　自闭症学生在别人邀请自己一起活动时，常常看起来没有反应。如果教师和同学没有提供适当的支持，他们可能难以与同伴一起活动、游戏，继而进一步影响他们与他人良好人际关系的建立与维持。

原因分析

1. **没有听清对方的邀请。**当自闭症学生沉浸在自己的活动中时，可能会因为没有注意到他人的邀请，而表现出无反应。

2. **不理解对方的语言和动作。**一些自闭症学生存在语言理解困难，常常难以理解语言背后传递的含义。同时，他们也难以解读他人的面部表情和肢体语言。因此，他们可能听不懂对方的邀请或提问，看不懂别人的邀请行为，无法做出恰当的反应。

3. **缺乏社交兴趣。**自闭症学生可能缺乏社交好奇心和与人交往的兴趣，因此，常常对身边的事或人视而不见、听而不闻。比起和同龄人玩耍，他们更倾向于独自待着。

4. **缺乏社交技能，不知道如何回应他人的提问或邀请。**社会交往能力的不足或缺陷是自闭症学生的典型特征之一，他们可能不知道如何恰当地回应他人的提问或邀请。

5. **拒绝参加被邀请的活动。**如果自闭症学生对同伴邀请参加的活动不感兴趣或者该活动难度较大，也可能会用不回应的方式来拒绝。

对策建议

1. **确保学生能够注意到他人的邀请。**邀请者可以通过呼喊自闭症学生的名字、眼睛看着他、拉近距离、提高音量、丰富语调等方式,确保自闭症学生将注意力集中到自己身上,让他能够听到或看到自己的话语或动作。

2. **简化语言并提供视觉支持,促进学生理解邀请。**简化邀请语句的长度和难度,用通俗的话语发出邀请;提供视觉支持,如手势、动作示范、字卡、图卡等,帮助学生理解。

3. **运用强化等策略,激发学生的社交兴趣。**了解学生的兴趣爱好,将学生感兴趣的活动或喜欢的物品等作为强化物,邀请其参与活动。运用选择问句,"你想老师陪着你一起做还是自己做?""你想收积木还是乐高?"给予学生选择的权利,引发学生主动参与活动的兴趣。提高活动趣味性,吸引学生参与。

4. **教会学生掌握接受邀请和拒绝邀请的方式。**老师首先帮助自闭症学生确定自己是否愿意接受别人的邀请参加活动。如果愿意,可以教学生用语言或手势动作表达,如学会说"好的""可以""我愿意",或者点头、微笑等;如果不愿意,教学生学会用语言或手势动作表达,如学会说"不要""我不会""我不想做",或者摇头等。

5. **提供支持和辅助,降低活动参与难度。** 通过简单的语言表达、动作示范、辅助引导等方式发出邀请,并让自闭症学生在辅助下参与活动,当他们完成或者配合完成相应动作时,及时对其进行鼓励、表扬,从而增加其后续接受邀请的可能性。

15 回答内容与问题没有关系

　　一些自闭症学生在与他人说话时会表现出答非所问的情况。他们回答的内容常常与问题毫不相关，让人摸不着头脑。这样的行为会严重影响自闭症学生与他人的交往，不利于其良好人际关系的建立，也不利于教师把握其学习状况。

原因分析

1.对需回答的问题存在理解困难。一些自闭症学生可能存在语言理解发展异常的问题，呈现出比较明显的语言发展迟缓，常常难以理解他人要求其回答的问题，出现胡乱作答的情况。

如果教师对问题的表述过于复杂，问题中使用一些隐喻、成语、反语等表述方式，则会增加学生对问题理解的困难。

2.口语表达有特殊形式。自闭症学生在口语表达上容易出现两大特殊表现。一是一些自闭症学生存在自言自语、重复他人语言的特殊表现，当这种特殊表现出现在回答他人问题时，就会让人觉得他们在答非所问。二是有些自闭症学生可能会使用一些奇异新词，这些新词往往不符合常规的语言表达规则，因此在他人看来，他们就是在答非所问，不知所云。

另外，一些自闭症学生在回答问题时可能联想到与当前问题不相关的信息，并将这些内容说出来。

对策建议

1. 调整提问方式，降低理解难度。教师可以用便于学生理解的方式提出问题，降低学生理解的难度。

◇ 提问时可以适当地放慢语速，给予学生更多理解问题的时间。

◇ 提问时可以通过出示图片、语句卡片等视觉提示的方式来帮助学生更好理解问题。

◇ 提出的问题需符合学生的理解水平，要分析学生可以听懂多长的句子、什么样的句式，继而设计长度适当、难度适宜、句式简单的问题。

◇ 提问的语言尽可能直白、简短，建议多使用简单句、肯定句，少使用成语、歇后语、反话、比喻等用法，以免造成自闭症学生的理解偏误。

2. 开展问答训练，提高学生回答问题的能力。对部分存在口语表达困难的学生进行专门的口语表达训练，以及问答练习，不断提升其口语表达能力。教师也可以借助图片、关键词等方式引导学生根据问题进行回答。

3. 创设口语表达环境，增加锻炼机会。教师可以在日常生活中创设更多的自然问答机会，增加对话练习，帮助学生更好地体会如何根据问题进行回答。

16 重复特定语句或者一直围绕某个话题说

　　与人说话时，一些自闭症学生总是重复讲一些语句，这些语句可能与所讲的主题有关，也可能无关；或者不断地向别人提出同一个问题，即使这个问题对方已经回答；或者不断地讲同样的内容，即使别人已经表示对所谈内容不感兴趣或者多次试图打断，他们仍旧持续原有话题。这往往会影响他们与他人的正常沟通，导致别人不愿意跟他们交流。

原因分析

1. 自闭症学生刻板语言的典型表现。刻板行为或语言是自闭症障碍的核心症状之一。语言能力较好的自闭症学生的刻板症状，通常就体现在谈话过程中重复刻板地说一些特定的话语、问题，即使这些话语或者问题已经谈过了，他们也会不由自主地重复。有时，这种刻板重复的话语可能来自其看过的电视、电影或者听过的他人说过的话，比如广告语、动画片中的对话等，这些话语通常与他们当时所处的场合并不相关，所以常常会令人感到奇怪，会被认为是无意义的重复。

2. 谈话时具有自我中心倾向，对他人所讲的内容缺乏关注。一些自闭症学生在谈话时容易沉浸在自己的思路中，具有自我中心倾向，对谈话过程中他人的话语或者非言语行为所传达的信息不够关注。比如当他问别人"你觉得周末的这个电影怎么样"，别人回答"周末我忙着做作业"时，他仍旧会持续不断地询问别人对电影的意见。当他对所谈话题不感兴趣时，便会不断重复无关的话；当他对所谈话题很感兴趣时，又会不顾他人感受，围绕这个话题说个不停。

3. **谈话时难以理解话语背后的含义。**一些自闭症学生的语言理解和表达能力比较弱，对话过程中常常会出现理解困难，难以听懂对方的话语，尤其是带有暗示、隐喻的内容，也难以恰当表达自己的观点与想法，此时就容易偏离谈话主题，一直机械重复某句无关的话。

4. **运用重复性话语减轻内心的焦虑不安。**当自闭症学生遇到不熟悉的人、场景时，或者讨论不熟悉的内容时，可能会持续不断地说某些话语，这可能跟这些不熟悉的场景、讨论内容让他们产生了焦虑不安的情绪有关。不断重复某些特定的言语能帮助他们减轻内心的焦虑不安。当然，在不明缘由的人看来，这种行为可能是非常奇怪的。

对策建议

1. **采取恰当的对话技巧，吸引学生参与对话。**针对自闭症学生的刻板语言及其沉浸在自己思路中的情况，教师需要采取一定的对话技巧让其更好地参与到对话中。

◇ 采用及时过渡的策略，即先对其话语做出简单的回应，再快速过渡到当前话题上，转移学生的注意力和兴趣。

◇结合呼名、直接提问等策略，达到打断学生重复刻板语
言的目的。

◇根据对话内容改变说话的音量，音调有一定起伏，让学
生保持对话动机。

2. 选择学生感兴趣的主题，提高对话动机。 教师要了解自
闭症学生的兴趣、爱好、常常参加的活动等，选择其感兴趣的
主题与其进行谈话，以此增加对话的话轮，也能使对话内容更
加契合其日常生活，更好地发展其聊天技能。要促进自闭症学
生与同伴对话，也需要选择同伴与其都感兴趣的话题，来吸引
自闭症学生加入到对话中，让每个人都能愉快地参与讨论。

3. 缓解焦虑情绪，帮助学生理解对话。 对于不熟悉的场景
引发的焦虑，可以通过多种方式帮助学生缓解。

◇通过提问，如："小明，你来过这里吗？有没有感到紧
张？"或者通过提前带学生熟悉场地、安抚学生等方式
减轻焦虑。

◇对于学生不熟悉的谈话内容，可以使用简单句，放慢说
话速度，来降低理解难度，或用图片或肢体动作进行提
示等，帮助他们理解对话内容，避免产生焦虑情绪。

4. **开展谈话技能训练，提升社交技能水平。**选择学生日常生活、学习的一些场景，比如，周末活动（去超市购物），或者熟悉的电影、动画片等，对启动话题、接续话题、转换话题、结束话题等谈话技能进行训练，帮助其更好地在日常生活中与同伴、教师、家长等人进行对话。

七、与他人相处时不礼貌

17 与人交流时长时间注视对方的某个身体部位

一些自闭症学生在与人沟通交流时可能会一直盯着对方的眼睛、鼻子、嘴巴等身体部位，或是距离他人身体过近。这些行为容易使对方感到不适，影响正常交流，不利于学生与他人建立与维持良好的人际关系。

原因分析

1. 未掌握社交规则。 自闭症学生出现这样的行为，可能是因为他们没有掌握一定的社交规则，不知道说话时这样盯着别人看是不合适的。事实上，紧盯或倚靠他人反而是自闭症学生表达喜欢的一种方式。在与人交往时，他们和普通儿童一样，也会出于对他人的喜欢而不自觉地亲近他人，但有时对身体之间的合适距离不太能掌握，过度接近他人，反而让人难以接受。

2. 以往干预训练的结果。 眼神对视是自闭症学生干预训练的重要内容之一。老师和家长常常教导学生在与人说话时眼睛要看着对方，有的学生可能会误以为要一直盯着对方，因而出现了不当的紧盯对方的行为。

3. 寻求对方的关注。 当自闭症学生想要吸引他人注意，却未掌握恰当的方式时，也可能出现这种不恰当的行为，即通过眼睛紧盯着对方以及身体紧靠对方，让对方把注意力放在自己身上，而且这样做通常会很成功。

对策建议

1. 教学生掌握社交规则。教师可以告诉学生产生对他人喜欢、想靠近的心理是正常的，但是行为表现不能让他人感到不舒服，然后通过一系列训练循序渐进地让学生掌握社交规则和技能。

◇ 教导学生学会恰当的眼神对视。教师或家长可以通过教授社交故事或示范等方式，让学生明白与人交谈时眼神对视的两条规则：（1）可以看着对方的眼睛，或眉毛、额头，而不是其他部位；（2）不能长时间一直盯着对方，可以偶尔看看其他地方或周围的其他人，一般注视 3 秒左右就应当转换注视点，可以教学生在心里默数。

◇ 帮助学生建立合适的社交距离，提醒学生尊重他人的个人空间。教师可以通过辅助物（小棍、软绳等）作为隔离距离标尺进行交往训练，比如可以让学生手握辅助物的一端，交往对象手握另一端。

◇ 引导学生表现出恰当的社交行为，并在各种真实的交往情境中创造机会让学生多多练习，帮助其掌握社交规则。

2. **教学生以恰当的方式获得关注**。教师可以通过社会沟通技能训练，帮助学生正确表达自己的需求，能够大方地说出对他人的喜欢，或邀请他人一起玩耍。另外，教师和同学应适当给予学生更多的关注，邀请学生参与课堂集体活动和小组活动。

18 随意翻看或私拿他人物品

　　自闭症学生在日常生活中可能会出现不经过他人同意、随意翻看或私自带走他人物品的问题行为，这种行为会对他们的人际交往造成负面影响。

原因分析

1. **缺乏物权意识**。部分自闭症学生缺乏物权意识，不能够清晰理解物品的归属权，在他们的脑海里可能尚未形成"我的""他的""你的"等权属概念。当他们看到感兴趣的物品时，难以意识到这是他人的，因而直接翻看或拿取。

2. **未建立不可随便翻看或私拿他人物品的行为规则**。有些自闭症学生可能还未形成别人的东西不可以随便翻看或者私拿的行为规则。即便他们能够明白有些物品不是自己的，但不知道在翻看或拿取别人物品前应当得到物主的允许，当看到自己感兴趣的物品时，往往就会直接拿取。

3. **缺乏向别人借物的社交技能**。一些自闭症学生可能不知如何向他人借取物品，当他们看见一些感兴趣的物品时，直接以行动来表示自己的想法或需求，即直接翻看或拿取他人物品，而不是先向别人询问是否可以借取。

对策建议

1. **帮助自闭症学生建立物权观念。**物权意识的建立对于自闭症学生的成长具有重要意义。教师和家长可以通过提供个人储物空间、给不同物品贴上物主的名字等方式，帮助学生明确哪些东西是自己的，哪些是别人的；教师和家长也应该以身作则，在征求学生同意之后再动用学生的物品，使学生感觉到自己的物品所有权有被尊重，并模仿这种行为。

2. **建立他人物品不可随便翻看或拿取的行为规则。**教师和家长可以通过模拟情境、编写并教授社交故事等方式帮助学生建立不随便翻看或私拿他人物品的行为规则。同时，对于学生表现出的取物之前征询他人同意、寻求教师帮助等恰当的社交行为，应进行表扬。教师和家长也可以让学生为自己未经他人允许便私自翻看或拿取他人物品的行为负责，例如告知学生这种行为是不对的并要求其亲手归还物品，帮助他们建立这一行为规则。

3. **教授正确的借物技能。**对于尚未掌握正确借物技能的学生，教师可以通过示范模仿、模拟演练等方式帮助其掌握这项社交技能，从而能够用合适的沟通方式来借取自己感兴趣的物品，而不是随意翻看或拿取。

19 索要东西被拒绝时出现哭闹等行为

当自闭症学生需要某些物品，或是对他人新奇、好玩的小物品产生兴趣时，可能会不分场合地向他人索取。一旦遭到拒绝，可能会因此而大发脾气，出现哭闹等行为，干扰正常的教学秩序，还会破坏他们与同伴的关系。

原因分析

可以从两个方面分析自闭症学生出现的上述行为。

首先，学生为什么会向他人索要物品。

1. 对特定物品感兴趣。一些自闭症学生可能因为感知觉刺激的异常，容易对特定类型的物品产生强烈的兴趣，例如他们可能对一些能够带来一定触觉刺激的物品（如橡皮泥、触摸球等）极其感兴趣，坚持索要。

2. 尚未形成不可以随便向他人索要物品的意识。部分自闭症学生，尤其是比较年幼的孩子，由于教养过程中还未建立起一定的规则意识，尚未懂得不可以随便向他人索要物品这一社交规则，因此，当他们看见自己喜欢的物品时可能会直接索要。

其次，为什么学生在要求被拒绝之后会大发脾气。

1. 宣泄情绪。一些自闭症学生的情绪管理能力较弱，当自己的要求被拒绝之后，可能会产生生气、愤怒等不良情绪。为了发泄和排解这种情绪，就可能会大发脾气。

2. 不良强化历史。不良的强化历史是指自闭症学生有以往因为发脾气而导致家长和教师满足其需求的经历。这种不良的强化历史会让他们觉得自己可以利用发脾气这种行为，让他人向自己妥协，从而达成自己的目的。久而久之，就会把发脾气当成一种使他人满足自己要求的手段去行使。

对策建议

1. 调整环境布置。对于存在感知偏好的自闭症学生，教师可以调整学生所处教室的环境布置，尽可能减少对他们来说是高刺激的物品，降低环境对学生产生干扰的可能性。例如自闭症学生对某些学具极其喜欢，那么教师应该注意妥善收纳这些学具。

2. 培养不随便向他人索要物品的意识与行为习惯。教师可以通过模拟情境进行角色扮演，编写并教授与上述行为有关的社交故事，或者拍摄并播放相关视频，让学生知道不可以随便向他人索要物品，并形成相应的行为习惯。

3. 建立仅在合适情境下索要物品的行为常规。 在生活中，并不是任何情况下都不可以向他人索要物品。例如，中午午餐时间，学生若吃完了自己的食物但还没有吃饱，此时是可以向教师索要食物的。所以教师除了要帮助学生树立正确的观念之外，还需要帮助学生建立起在合适情境下索要物品的行为常规，让他们可以明确哪些情境下是可以向他人索要物品的。

4. 停止强化，及时制止。 对于他人拒绝自身要求之后发脾气的行为，教师要注意停止强化，在保证学生安全的情况下，无论学生如何发脾气都不妥协，不给予其索要的东西，避免对学生的这种发脾气行为再次强化。如果学生的发脾气行为可能会导致伤害性结果，教师应该及时采取一定的身体限制措施来保证学生的生命安全。

八、不恰当的生活行为习惯

20 不恰当地触摸、裸露身体部位

　　自闭症学生有时会在教室、操场等公共场合，脱下裤子、不恰当地裸露、触摸身体隐私部位，甚至自慰。这类问题行为容易使学生难以将注意力集中在所要学习的内容上，不利于其身心健康和社会适应发展，也会对教师的课堂教学、家庭教养带来诸多挑战。

原因分析

1. 缓解身体不适感。一些自闭症学生频繁触摸或暴露生殖器，其原因可能与该身体部位存在不适有关。这种不适可能由衣物穿着不当引起，也可能由这一部位的疾病导致。出现这种情况时，自闭症学生可能会拉扯内衣裤、抓挠隐私部位来缓解不适。

◇ 衣物穿着不当引起不适。穿着不当，包括衣物大小或材质不适合，如衣裤过紧、不透气，或内衣裤表面过于粗糙等；更换不及时，如长时间不更换内衣裤导致内衣裤严重脏污。

◇ 由于天气炎热、体育锻炼等原因导致出汗过多，内衣裤被浸湿等。

◇ 一些疾病会引发隐私部位瘙痒或疼痛，如皮炎、阴道炎或龟头炎、尿路感染、生殖器疱疹等。这些疾病虽然在成年人中更常见，但在青少年、儿童中也可能发生。

2. 满足感觉刺激需求。感觉刺激需求可能因多种因素产生。

◇ 一些青春期的学生由于身体发育，对性抱有好奇、憧憬和向往，于是主动地通过触摸、挤压性器官以获得性兴奋。

◇ 年幼的自闭症学生可能仅仅是偶然触碰到性器官，体验到了特别的感觉刺激，觉得有意思，于是反复做出相同的行为。

◇ 一些自闭症学生处于无聊状态或者无法参与教师组织的学习活动时，会更多地沉浸在追求感觉刺激的行为中。这部分自闭症学生通常能力较弱，而学习活动通常较难，或者难以吸引他们的兴趣。

对策建议

1. 检查身体是否存在不适，排除不良因素。如果自闭症学生有脱裤子、反复摩擦生殖器等行为发生，首先应检查学生是否存在身体上的不适。

◇ 请家长检查孩子的衣裤是否合适，让孩子尽可能穿比较宽松、柔软、干净的衣裤，帮助孩子缓解身体不适，专注学习。

◇如果衣物没有问题，则需要督促家长带孩子前往医院，检查生殖系统是否存在疾病，排查问题行为是否由生理性的瘙痒引起。如果是，则应根据医生的意见进行治疗；如果不是，则考虑其他原因。

◇提醒家长保持孩子隐私部位的清洁和卫生，减少此类问题引发的不适感。

2. **安排适当的任务，减少无聊感。** 教师可以通过给学生安排适当的任务，尤其是需要动手操作的任务，分散其对性刺激需求的关注，让双手无法触摸隐私部位，降低因无所事事而出现这类行为的可能性。

3. **开展适当的性教育，形成正确认识。** 无论学生做出这类行为是为了缓解生理不适还是获得性刺激，学校和家庭都应对自闭症学生普及必要的性知识。教师可以利用绘本、科普视频等资源，教学生正确认识自己和他人的身体，学习公共场合的行为规范，保护好自己的身体隐私，不做出冒犯他人的性举动。

4. **出现征兆时及时制止，引导学生参与适当的活动。** 一些自闭症学生在出现这些行为之前会有一些动作先兆，比如身体扭来扭去，或者将手伸进裤子。教师要注意观察，了解其行为发生的一些特别情况。

　　当发现有这种先兆行为时应及时处理。可以通过直接给予活动或学习任务转移学生的注意力，或者将学生的手从裤子里拉出来，然后让其去做一些跟手部有关的任务。但不要过度强调其行为，以免引发其过度关注。

21 严重挑食或异常的进食要求

一些自闭症学生吃饭时拒绝吃某种或多种食物，或对食物的搭配、制作要求等异常严苛，如米饭既不能太软也不能太硬，否则就不吃。在学校统一提供餐食的情况下，如果有不喜欢吃的食物就容易吃不饱。如果学生挑食比较严重，长此以往还可能会出现营养不良问题。

原因分析

1. **对食物的感觉异常**。一些自闭症学生对于食物的气味、口感、味道过度敏感或过度不敏感。食物没有气味或气味比较刺鼻，口感软或脆，口味偏甜、偏咸、偏辣或清淡，都有可能使得自闭症学生对食物有所偏好，过于敏感的学生，会强烈抗拒某些在常人看来非常普通的食物；感觉不敏感的学生，则特别喜欢某些能带来强烈感觉刺激的食物，而对其他的普通食物毫无兴趣。

2. **环境刺激、常规改变带来过度焦虑**。进食时的不良环境刺激（如噪声）以及常规改变（包括新食物、改变食物的烹饪方法、改变座位安排、改变餐具等）可能会引发他们的焦虑情绪。在焦虑情绪下，一些自闭症学生既有可能难以进食，也有可能出现重复刻板行为增加、离座等行为问题。

对策建议

1. **改变饭菜的做法或食材**。如果条件允许，教师可以从外观、口感、气味、味道的角度分析学生对食物的喜好和厌恶，制定营养丰富又符合学生口味的菜单，之后联系食堂与家长将食材加工为学生可以接受的样子，比如自闭症学生不喜欢生脆的胡萝卜，就可以尝试用它炖汤。对于难以通过烹调加工改变属性的食材，可以用具有相同营养的其他食物来替代。

2. **营造舒适的用餐环境。**如果自闭症学生的问题行为是由用餐环境不适（如噪声、灯光、气温、餐具摆放位置等令学生无法接受）引起的，那么可以排查这些因素并进行调整，为自闭症学生提供舒适的用餐环境。

3. **采取渐隐策略，延长适应周期。**通过让自闭症学生不断地接触特定食物，帮助其适应它们。例如，要让从未吃过橘子的自闭症学生接受吃橘子，那么可以先让他熟悉周围环境中的橘子，然后让其尝试摸摸或者闻闻气味，慢慢过渡到舔舔橘子肉，吃一瓣、两瓣，直至吃整个橘子。学生出现期望的行为之后，要及时进行鼓励、奖励。但应注意的是，不要逼迫学生进食。

22 不良的进食习惯

　　有些自闭症学生在学校吃饭时东张西望、走来走去，难以专注地吃饭，或者将食物撒到碗盘之外，撒得到处都是，需要人不断督促其吃饭，往往吃饭时间过长。

原因分析

1. **重复刻板行为的表现**。一些自闭症学生在进食时之所以出现摇晃身体、摇晃手等行为，与其重复刻板的行为特征有一定关系。进食过程中出现的这类行为也常常会在其他时间出现。

2. **进食的相关知识或技能缺乏**。自闭症学生在餐桌上的表现不符合学校的行为规范，可能与就餐礼仪知识、技能的缺乏有关。一种情况是学生未掌握进餐礼仪，不懂得在吃饭时要安坐，不能边吃边玩，不要撒出食物；另一种情况是未能熟练掌握餐具的使用方法，一些自闭症学生手部精细运动的能力较弱，在家里大多是被喂养，因此自己独立吃饭时容易出现吃饭时手抖、抓握餐具不稳、食物撒出等问题。

3. **进食过程中注意力不集中**。一些自闭症学生的兴奋水平比较高，进食过程中难以安坐、静静地吃饭，容易受到外部环境影响，出现边吃边玩的情况。

对策建议

1. 明确教授学生与进食相关的行为规范。 教师可以通过示范、教授社交故事、模拟情境等方法让学生知道就餐时应遵守的行为规范。

◇ 首先，教师应对学生恰当的进食行为有清晰、明确的界定，如用餐时要安静，尽可能减小嘴巴和身体发出的声音；将食物送进嘴里或留在餐盘里，不能扔到桌上或地上，等等。

◇ 其次，教师应该将这些期望的行为通过形象具体的方法教给学生，例如张贴用餐行为规范，向学生逐一讲解，公开奖励或表扬符合行为规范的行为。

◇ 最后，对自闭症学生进行个别化教学，编写并教授社交故事、运用示范模仿等方法，促进自闭症学生对进食行为规范的掌握。

2. 训练学生的餐具使用技能。 对于学生餐具使用不熟练的情况，可以开展手部的精细动作训练。必要时可以让学生先使用更容易操作的餐具（如能固定在手指上的筷子），在技能熟练后再使用普通的餐具。

第三部分

家长沟通问题

23 家长不承认孩子存在某些问题表现

当教师跟家长沟通学生的问题而家长不承认自家孩子有这个问题时，不管是问题产生的原因，还是教育对策，教师都很难与家长形成一致的意见，双方也很难对学生的问题形成完整的认识，这不利于形成教育合力，最终将不利于孩子的发展。

原因分析

1. 孩子在家没有出现该问题。 一些自闭症学生的问题表现只在学校出现，这意味着学生在适应学校的环境方面存在困难。出现这种情况可能有以下原因。

◇ 首先，家庭是孩子最熟悉的场所，孩子在家中会感到更安全、放松，同时家中可能有较多能引起孩子兴趣的物品和活动，所以孩子在家没有出现问题。

◇ 其次，学校中特定的时间、地点、人物和环境，以及特有的学习、社交活动，引发了自闭症孩子的问题表现。

◇ 最后，老师可能没有家长那么严厉，采取的教育方法比家长的方法更为温和。自闭症孩子因为不怕老师，所以在学校出现更多问题行为。

2. 家长在家没有注意到孩子的问题。 孩子在家出现了问题，但家长没有注意到。家长可能没有太多时间与孩子相处，在家里孩子自己玩，而家长做自己的事情，没有很细致地观察过孩子，因此不了解孩子在家里的真正情况。

3. 家长不愿意承认孩子的问题。 自闭症学生由于自身障碍，可能会表现出较多的问题行为，家长在家中虽然察觉到了这些问题，但由于种种原因或者顾虑，选择了用不承认的方式回避问题。出现这种状况的原因有以下几种。

◇ 家长可能一直无法接受自己孩子有自闭症的事实，不愿正视孩子出现的问题，当别人问起孩子在家的一些行为表现时，害怕被证实是自闭症，因此采取了否认的态度。

◇ 家长可能担心，如果承认孩子在家里也有同样表现，老师和其他同学会改变对孩子的态度，用不一样的眼光看待自己的孩子。

◇ 家长也可能是害怕被嘲笑或指责。家长认为承认了孩子的问题，会很没面子，不愿被他人嘲笑；或不愿被指责是由于自己的教育方式不当，疏于对孩子关心照料而导致孩子出现问题。

4. 家长不愿意在家里调整教育方法。家长可能由于工作较忙，或在尝试各种教育方法都失败后，没时间或其他原因，不愿意在家调整对孩子的教育方法，因此以孩子在家中没有出现过行为问题为托词，希望由老师担负起解决孩子问题的责任。

对策建议

1. 了解详情，分析问题行为在学校出现的原因并采取针对性措施。当家长反映孩子在家中没有该问题时，教师首先要相信家长，可能孩子的这个问题确实是只在学校里出现。教师可以进一步向家长询问孩子在家里的具体行为表现和活动环境来了解真实情况。

如果孩子的问题只在学校出现，表明其可能存在学校环境适应困难的问题。教师需要仔细分析孩子为什么会在学校里出现这些问题。教师可以采用观察学生、访谈其他教师的方式，找到诱发学生出现问题的时间、地点、人物或事件，继而采取针对性措施进行处理。

当然，如果孩子在家中也存在该问题，教师还是可以用上述方法来应对，同时对家长采取其他相应的措施以促进家校合作。教师在掌握充足的信息后，可以和家长充分沟通孩子在学校的表现，家校合作，共同寻找导致孩子适应困难的关键因素，进而合力帮助孩子适应学校环境。

2. 引导家长观察孩子在家里的表现。如果在跟家长的沟通中发现家长其实无法具体地描述孩子在家里的行为，那么可能存在家长观察不仔细的情况，教师就需要说服家长对孩子在特定情境下的行为进行观察和记录，明确孩子的问题在家里是否会出现，具体是何种情况。

3. 积极向家长汇报教师的做法和孩子的进步，在沟通中建立信任。如果家长发现了孩子的问题却由于种种原因不愿承认，教师可以通过正面反馈的方式逐渐改变家长的想法。

在和家长进行沟通时，教师应采取积极的态度和方式，避免用指责的态度或语气。教师需要常常与家长保持积极的沟通，将教师在学校里一些积极的做法和孩子行为改变的情况与家长及时分享，让他们认识到学校不会放弃他们的孩子，逐渐敞开心扉。

4. 提供教育宣导和情感支持。对于家长不愿承认或不愿改变教育方法的问题，教师可以采用如下策略。

◇ 开展各种形式的教育宣导，向家长介绍自闭症的概念、成因和具体表现等知识，提高家长对自闭症的认识。

◇ 对于特别抗拒承认自己孩子是自闭症的家长，可以先引导他们关注孩子的当前表现，聚焦问题分析和应对方法，再逐步渗透对自闭症诊断的认识。

◇ 通过召开家长会、家长联谊会等方式来宣导对自闭症学生有效的教育经验，帮助家长进一步理解家校沟通与合作的重要性，树立正确的家校合作观念，帮助家长改善他们在家里采用的教育方法。

◇ 多与家长沟通，在沟通中表达关怀，提供情感支持并解答疑惑，必要时可提供心理援助资源，从而帮助家长端正对待自闭症孩子的态度，了解孩子的问题行为可以通过积极的教育干预得到改善，进而敢于直面孩子的问题并配合学校开展教育工作。

24 家长持放任不管的态度

　　有部分自闭症学生家长在知晓孩子障碍的情况下，在日常家庭教育中对孩子放任不管，不愿配合老师，经老师劝说也不愿改变。这种态度会对自闭症孩子的健康成长和长远发展带来危害。

原因分析

1. 家长养育态度不佳，溺爱孩子或逃避养育责任。家长可能由于愧疚或抗拒的心理，过分溺爱孩子或逃避养育责任。在孩子被确诊为自闭症后，部分家长会将原因归咎于自身，对孩子存在一定程度的愧疚而无法释怀，因此通过对孩子降低要求来寻求内心的安慰。尽管部分家长理性上明白孩子有自闭症，但是内心深处仍未真正接受这一事实，因此无法接纳孩子。

当有多个孩子需要养育时，有的家长出于长远考虑选择将精力主要花在正常孩子的养育上，而把自闭症孩子丢给祖辈老人养育，或直接区别对待，放弃对自闭症孩子的养育。

2. 家庭现实条件的限制导致对自闭症孩子养育的忽视。家庭受限于现实条件而忽视对自闭症孩子的养育问题。在一些经济条件很差或者单亲家庭中，孩子的照料者忙于养家糊口，无力兼顾自闭症孩子的养育。

3. 家长缺乏家庭教育的正确认识和方法。还有一些家长虽然接受了孩子是自闭症的事实，对孩子的照料很上心，但由于缺乏与家庭教育相关的正确认识和方法，仅局限于让孩子吃饱、穿暖，不知道身为家长应该对孩子在道德品质、行为常规等方面进行教育，或者想教却不懂得如何教，在老师看来就是对孩子放任不管。

对策建议

1. 向家长提供心理疏导与支持。对于正在经历由孩子障碍带来的相关心理困扰的家长来说，教师要对其进行心理疏导，首先要充分共情，对家长经历的困难表示理解，然后引导家长缓解内心郁结的情绪，激发其内在成长动力。当家长的内心渐渐变得强大，家长不断获得自我发展时，才能接受自己的孩子是自闭症的事实，并且从心底里真正接纳孩子。只有这样，才能为孩子提供适合的家庭教育，更顺利地开展家校合作，进而促进自闭症学生的发展。

2. 成功案例宣导。向家长宣导家庭养育自闭症孩子的成功经验，让家长认识到自闭症孩子也可以获得对自身、家庭甚至社会来说很好的发展，认识到家庭教育在孩子的成长中起着极其重要的作用，家庭教育是家长的责任，并且在政策和社会上也有不少的支持保障，从而建立起家长对家庭教育的信心。

然后，可以通过引导家长学习成功案例，掌握科学育儿方法，建立积极的心态，增强他们养育自闭症孩子的能力。成功的案例可以从与自闭症相关的电影、书籍、公众号等资源中搜集。

3. 提供家庭教育指导，引导家长关注孩子的优势和潜能。 为自闭症学生的家长提供家庭教育指导和支持，应聚焦于教育理念和家庭教育方法。

首先，应该引导家长转变教育观念，从过多关注孩子的障碍和存在的问题，转变到关注孩子的优势领域，注重对孩子的潜能进行开发，并关注孩子的成长和进步。

其次，应该教授家长具体处理自闭症孩子问题的方法和技巧，提升家长教育孩子的能力和信心。对于没时间或没信心的家长，可以从一些易理解、易操作的方法开始教授，帮助家长克服畏难心理。此外，要对他们的进步和改变及时给予肯定，提高家长教育自闭症孩子的自我效能感，并持续提供指导和支持。

25 家长没有时间参与自闭症孩子的教育干预

一些自闭症孩子的家长承认自己的孩子存在多方面的困难，但总是表示自己很忙，由于时间原因无法在家里开展教育干预。这种情况常常会令教师为难，不晓得如何跟家长保持合作。

原因分析

1. 家长受限于客观因素，忙于其他事务。家长忙于工作等事务，抽不开身。家长可能受到职业、经济条件等方面的影响，即使自身重视孩子的教育，也实在抽不出更多的时间来配合老师。

一些家长的作息时间与孩子的差异很大，如每天晚上九点下班，或者常常需要加班到很晚才能回家，而回家后孩子已经睡觉了。又或者因为工作强度很大或工作时间很长，回家后精力不足，难以对孩子开展额外的教育干预。

2. 家长有时间但不愿意配合老师。家长可能有一定的空闲时间，同时家里的经济条件也不错，但出于一些原因，不愿在孩子的教育方面投入更多时间，因此以"忙"为借口推脱。实际上的原因也可能多种多样。

有的家长认为孩子的问题程度严重，再教也不会有好的效果，因此不愿意多花时间在孩子的教育方面；有的家长虽然认可家长应当与学校合力教育孩子，但认为自己在孩子的教育方面没有多少知识或者技能，觉得老师说的那些内容自己学不会，存有畏难心理，甚至因为自家孩子是自闭症，家长自身产生连带的自卑感，或者因总是麻烦老师而觉得难为情等，因而通过"忙于其他事务"来逃避家庭教育责任。

对策建议

1. 家长"真忙"——提供符合家庭现实条件的策略。如果家长确实很忙，教师应认识到这是正常现象，但家校合作也有必要开展，所以应充分了解家庭情况，与家长协商制订可行的策略。

在与家长沟通时，教师可以首先表示理解家长的分身乏术，对家长为家庭的付出表示肯定，然后询问家长或其他照料者可以陪伴孩子的时间和场合，然后依据现实条件，提供尽可能针对性强、耗时短、易操作的策略。

2. 家长"借口忙"——引导家长形成积极的家庭教育态度。如果家长实际上并没有那么忙，只是以忙为借口推脱家庭教育责任，那么教师应首先通过观察和充分沟通，了解家长的真实想法，分析家长不愿配合的原因。明确原因后，再采取针对性的举措。

例如：若家长更为重视经济上的保障，教师可尝试在沟通中介绍成功的案例或孩子在学校中的变化，引导家长认识到积极的教育干预可以减轻未来的养育压力，对于孩子的未来，除了经济保障很重要之外，孩子从小养成良好的行为习惯、掌握一定的知识技能也非常重要；孩子虽然学得慢，但也是会进步的，解决当下孩子面临的教育问题，有利于让孩子学习掌握更多的知识、技能，建立积极的人际关系，培养孩子的自信心，取得更好的发展，未来在自我照料、就业、交友等方面也会更加顺利。

若家长对孩子的教育存在畏难、难为情等情绪，教师首先要表示理解并给予鼓励，表明愿意为家长提供家庭教育指导作为支持，包括共同探讨孩子的问题，提供有效的解决策略，追踪孩子的进步等，与家长一同成长。其次，可以向家长分享一些其他自闭症家庭的成功案例，推荐家长参加家长互助会。最后，还可通过谈话、提供心理咨询渠道等方式，帮助家长疏导与家庭教养相关的负面情绪。

26 家长拒绝申请随班就读或其他特殊教育安置

自闭症学生家长在选择孩子的教育安置方式时会考虑很多。虽然教师可能认为随班就读或者特殊学校的安置会更加适合学生，但有的家长会表示为难或者直接拒绝。对于这种情况，教师要深入分析家长犹豫或抗拒的原因，引导家长做出符合孩子需求的教育决策。

原因分析

1. 家长认为自己的孩子不需要特殊教育服务。这可能与家长对孩子的需求和特殊教育支持服务缺乏了解有关。一方面，家长可能对孩子的障碍缺乏全面、深入的了解，对孩子有着较高的期待，认为孩子在学业、社交、行为等方面的适应困难只是暂时的，随着年龄的增长，自然而然就会改善，与普通儿童无异。因此，不希望自己的孩子被贴上特殊教育对象的标签，所以会拒绝申请随班就读，更加不愿意转入特殊教育学校。

另一方面，家长可能对随班就读或特殊教育学校抱有偏见，简单地认为它们的教育质量不如普通教育那么好。或者认为孩子如果是特殊教育对象，容易受到歧视，反而影响到未来的生涯发展。持这种想法的家长本质上是不希望自己的孩子被另眼相待，被贴上特殊教育对象或者残疾人的标签，所以希望自己的孩子跟普通孩子一样接受普通教育。

2. 家长认为随班就读学生所获得的支持或服务有限。一部分家长可能了解到孩子所在学校或区域的随班就读体系还不完善，即使孩子随班就读，也不一定得到很好的专业支持，孩子的特殊教育需求实际上也无法获得满足。换句话说，他们认为随班就读对孩子的帮助不是很大。

对策建议

1. 增进家长对孩子障碍和孩子教育发展需求的认识。家长对孩子发展的错误观念折射出家长对自闭症孩子的了解还不够准确和全面。而对自闭症孩子的特点和发展需要持有正确、一致的认识，这是家校双方顺利开展合作的基础。

◇教师可以通过日常交流，推荐一些讲座、书籍、课程、公众号等资源，提高家长对自闭症孩子的认识。内容可以包括：自闭症儿童的学习特点、社交特点、行为特点，以及自闭症儿童可能需要的教育及相关支持服务，如问题行为干预、社交沟通训练、结构化教学等。

◇教师可以通过观察记录、测验等方式，对自闭症学生进行评估，帮助家长具体、客观地了解孩子在学校中真实的行为表现，以及孩子在当前的学习环境下所面临的困境。

◇教师要引导家长形成这样一个观点：自闭症孩子的特殊需求越早得到满足，那么孩子的发展就会越好。

2. 促进家长对随班就读和特殊教育学校的认识。教师可以依据区域内随班就读、特殊教育的各项政策，帮助家长了解自闭症孩子可以享受的服务，如专业评估和个别化教育计划，以及符合个别需求的课程与教学调整、行为支持等。

教师可以通过提供相关政策文件与资料、推荐公众号等方式，让家长尽可能便捷、客观、精准地了解相应信息，同时注意提供特殊教育指导中心等相关机构的联系方式，让家长得以获取更详细的信息和更专业的咨询。

3. 增进家长对融合活动的了解，必要时进行心理疏导。如果家长担心孩子受到社会歧视，那么教师可以通过一些活动来增进家长对融合活动的了解，让家长认识到有关机构已经在采取行动改善社会融合环境，并取得了一些成效。

◇教师可以组织宣讲活动，向家长介绍所在区域或所在学校开展的促进社会接纳的做法以及成效，比如为随班就读的孩子安排融合伙伴，开展普特融合运动会等。

◇教师可以组织家长参加特殊教育的实践体验活动或者家长互助活动。

◇如果采取以上行动后，家长还是特别担忧，而学生的特殊教育需求又十分迫切，那么可以通过与家长谈心、推荐心理援助服务等方式，帮助家长疏导担忧的心理；同时对学生提供专业支持，但暂缓进行随班就读等特殊教育安置一段时间。

27 家庭成员的教育态度不一致

家长的教育态度不一致，不同家庭成员倾向于采取不同的做法，可能会影响家庭教育的效率和效果，也可能会影响家庭氛围的和谐，不利于孩子的成长和发展。

原因分析

1. **不同家庭成员对自闭症的认识程度不同。**家庭成员对自闭症的认识程度不同，会导致对孩子的教育态度不同。例如，有些祖辈会认为自己孩子的语言表达能力弱是"贵人语迟"的表现，或认为孩子不与人交流互动只是因为性格内向，并不认为孩子的特殊表现是一种问题，因此不够重视，也不采取任何干预措施。而父母则可能了解到自闭症的一些特点，并积极向专业人士寻求帮助。

2. **不同的家庭成员对孩子的期望不同。**这也可能会导致他们对孩子的学业困难或者其他问题抱有不同态度。虽然孩子被诊断有自闭症，但一些家长认为自己孩子的智力是很好的，特别是当孩子在某些方面呈现出很好的才能如记忆力、绘画能力时，可能会对孩子产生过高的期望，希望孩子的学习始终能跟得上班里的其他孩子，或者是想运用一些方法在短时间内改变孩子的不良行为。

如果孩子是随班就读学生，也有一些家长可能希望孩子获得很好的学业成绩进而"脱帽"，不再作为随班就读学生。有的家庭成员则可能更多关注到孩子异于其他孩子的方面，对孩子的期望过低，或者觉得孩子可怜，对孩子怀有愧疚、怜悯和补偿的心理。过分溺爱或过低的期望使得家长在学习上对孩子的要求较低，对孩子出现的不良行为更可能持容忍、忽视或者无所谓的态度。

3. 不同的家庭成员对自闭症儿童教育干预、康复治疗的认识不同。这会导致他们在教育孩子时倾向于采取不同的方式方法。例如，对自闭症孩子进行医疗康复是有必要的，但有些家长过于重视治疗，每日奔波于求医问药，忽视了教育的作用。有的家长忙于工作，无法投入较多时间在孩子的教养上，或者认为教育训练对孩子产生不了效果，重要的是为孩子提供良好的物质基础，而忽略平时对孩子应有的教育和陪伴。有的家长坚信棍棒底下出孝子，认为孩子出现了问题行为，更要严加管教，才能让其养成良好的行为习惯。还有一些家长将孩子的教育归于学校和教师的责任，认为自己不了解自闭症、不懂如何教育孩子，或工作繁忙没时间教育孩子，忽略了自己也是孩子教育的重要主体。

对策建议

1. 让家庭成员正确认识自闭症。教师可以通过推荐和分享相关书籍、专家讲座、视频、微信公众号文章等方式,帮助家庭成员全面了解自闭症的相关知识,理解自闭症孩子的障碍特点,增进对自己孩子障碍表现以及困难的认识,从而在教育态度上保持一致。

2. **帮助家长客观看待孩子的问题或困难,对孩子保持适切的期望。**教师可以和家长保持积极的联系,通过把孩子在校的真实表现反馈给家长,让他们客观了解孩子当前的优势领域以及存在的问题或困难,从而逐渐调整对孩子的期望。对于期望过低的家长,要鼓励他们发现孩子的优势,用科学的方法教育和训练孩子,补偿缺陷,开发潜能,让孩子得到应有的发展。而对于期望过高的家长,则要劝告其在教育时不要心急,也不要把孩子和其他孩子进行无谓的攀比。要正确认识和了解自己的孩子,随时发现自己孩子的进步。最终让各方对孩子的期望趋于一致。

3. **帮助家长掌握有效教育策略。**教师可以采用多种方式对家长开展针对性指导，帮助家长掌握适合孩子的行之有效的教育策略。例如，教师可以利用家长会等形式宣传家庭教育的重要性和必要性，并向家长讲解具体的训练方法等，也可以联合资源教师向家长介绍自闭症学生的具体情况以及针对性的教育教学措施。最后，教师还可以向家长推介相关书籍、视频、网站，并为他们提供向专业人士求助的畅通渠道。

教师并非万能的，家长教养态度的改变也不在一朝一夕之间。但只要干预举措正确，家庭成员间的共识必能逐步建立，教育态度差异的问题定能有所改善。

28 家长总是期待其他家长包容自闭症学生

　　自闭症学生存在社交沟通障碍，容易与同伴产生矛盾，如果存在攻击性行为或者严重干扰课堂教学秩序的行为，必然会引起其他学生家长的不满。一些自闭症孩子的家长一味地认为，自家孩子是自闭症，希望其他家长能够包容理解自己的孩子，而不愿采取其他更为积极的措施，这样不仅没有从根本上解决问题，还会进一步引发冲突。

原因分析

1. **对孩子问题的片面归因**。一些家长可能会简单地将孩子出现的问题行为都归因于自闭症，认为自闭症孩子就是这样的，没有意识到自闭症儿童和普通儿童一样，若是在每日生活中采取恰当的教育策略进行良好行为的教养，他们的问题行为就会大大减少。

2. **过分关注孩子的权益，缺少换位思考**。由于孩子的特殊性，家长在认知上将自家自闭症孩子划为弱势群体，认为孩子出现问题行为，理所应当被接纳、被宽容、被体谅，对他人提出了过高的要求，却忽略了自己孩子给他人带来的负面影响。家长在为自己的孩子争取公平的同时，忽略了其他孩子的受教育权被侵犯或者被严重侵犯的后果。还有的自闭症学生家长不考虑其他学生家长的想法和感受，在应当与其他学生家长联络解决问题时，不懂得应该怎样沟通，于是以自己孩子的障碍为辞推脱。

3. **尚未找到行之有效的家庭教养策略**。家长能够寻求到的专业支持相对有限，对处理孩子在家里的问题行为已经力不从心，当孩子在学校中也出现问题行为时，家长也希望能够帮忙处理，但往往找不到恰当的教养策略，因而只能暂时寄希望于外部环境的改善，期待其他人的包容。

对策建议

1. 善用成功案例，引导正确归因。对于那些片面归因的家长，教师要引导他们认识到：如果采取合适的教育策略，并对自闭症学生身处的环境进行适宜调整，那么学生的问题会得到一定的改善。

◇教师应与自闭症学生家长保持积极密切的沟通，把平时已经对学生采取的教育干预策略和效果，及时向家长反馈，让家长看到教师和学生付出的努力，认识到问题行为的可改善性。

◇教师可以跟家长分享一些实际工作中自闭症学生问题行为成功干预的案例，包括自己从教生涯遇到过的、同事遇到的以及书里看到的成功案例。

◇教师甚至可以组织学校里其他养育自闭症孩子经验丰富的家长，交流分享自己的家庭教育经历等。

2.**引导家长换位思考，明确权责范围**。教师应向家长说明：自闭症学生作为学校的一分子，其受教育权需要得到保障，学校会努力为自闭症学生提供个性化的支持服务和友好包容的校园环境。但同时，其他学生的人身安全和受教育权也理应得到保障，学校和家长应共同为保障所有学生的合法权利做出努力。

教师也要向家长明确：如果在学校发生同伴间的矛盾冲突，双方都有可能受到伤害，这时双方都需要承担相应的责任。因此，自闭症学生的家长作为其中一方的养育人，同样有责任对自己的孩子进行行为引导，避免孩子的行为对他人造成伤害。

在与其他家长因孩子教育问题产生矛盾时，教师要引导自闭症学生的家长与其他家长进行换位思考，以积极主动的态度去沟通解决问题。

3.**开展家庭教育指导**。对于缺少专业支持且教养技能不足的家长，教师要帮助他们树立科学健康的教育观念，并掌握恰当的教育方法。家庭指导的内容包括：

◇首先，理解家长的难处，共情家长的压力，肯定家长为孩子的付出。

◇其次，提供支持，例如告知家长可获得的各种专业资源，供家长选择。

◇最后，指导具体的教育方法。教师可以采取家长愿意接受的方式开展相应活动，指导其在家庭里使用适宜有效的行为干预策略，共同处理孩子的问题行为，发展孩子的良好行为。

29 家长持高压严厉的管教态度

　　有些自闭症学生的家长认为高压严厉的管教方法对孩子很有效，并且希望教师也这么做。家长这样的观念和做法可能对孩子的成长产生不良影响，也不利于家校间的沟通合作。

原因分析

1. 家长忽视了高压管教的负面影响。当孩子不听话或是做错事情时，家长会采取打、骂等惩罚手段。孩子出于害怕，在家中很听话，能遵守家长的要求。这种方法在短期内看似很有效，然而长此以往，会给孩子的心理健康带来负面影响，不利于孩子良好行为习惯的养成、身心的健康成长和良好亲子关系的发展。

2. 家长忽视了教师教育惩戒的限度。教师在行使教育惩戒权时应十分谨慎。对自闭症学生采取严厉管教甚至打、骂的方式，超出了教育惩戒的合理使用范围，不符合教师职业道德规范，也违反教育学、心理学的原则，不利于学生的健康成长。

3. 家长和教师未掌握行之有效的教育策略。一方面，家长采取高压管教的方式，可能是因为自己之前采取的其他教育策略并未产生良好的效果，或者是没有时间、机会了解学习一些有效的自闭症儿童教育策略。另一方面，家长希望教师也能采用高压管教的方式，这可能是因为部分教师在面对自闭症学生在学校的不良表现时束手无策，缺乏有效的管理和教育方法。

当孩子在学校出现各种各样的问题时，家长就会觉得是教师不够严厉，才让学生有空子可钻。

对策建议

1. **向家长说明高压管教的危害**。教师可以积极与家长沟通，对家长不恰当的教养方式进行合理规劝，让家长明白高压管教可能会对孩子的身心健康和亲子关系等产生负面影响，并提醒家长可以积极与教师和专业人员进行沟通交流，选择最适合孩子的教育方式。同时，教师要向家长明确，自己作为教师会尽量避免对孩子使用教育惩戒，而采用更加专业有效的教育策略。

2. **提高家长的教育认识和能力**。首先，教师可以积极和家长交流孩子的在校表现，并向其清晰、具体地反馈自己对孩子采用的教育方法和问题行为处理方式，必要时可以向家长呈现孩子在校表现的视频资料，让家长看到孩子的进步，能够相信并学习新的教育策略。

此外，教师可以给家长推荐与自闭症儿童教育相关的书籍、讲座、视频、文章等，让家长进行自我学习，逐渐掌握自闭症儿童教育的知识和方法，并提醒家长，如果在学习过程中遇到问题，及时与教师或其他专业人士交流。

3. **主动学习自闭症儿童教育的相关知识和技能。** 对自闭症儿童教育存在困惑、缺乏有效教育方法的部分教师，可以积极参加与自闭症儿童教育相关的培训，通过听讲座、阅读相关资料、向专业人士求助等方式，正确认识自闭症，并掌握恰当的教育策略。

教师应通过学习掌握有效的行为干预策略，既不对学生不听从管教的情况妥协，也不对学生高压管教，而是采取合适的方法，制止学生的不良行为，并及时强化学生的积极行为。

30 家长质疑老师的教育建议，拒绝尝试

　　合作是家校共育实施的前提和关键，而良好的家校合作需要双方制订一致的目标，并积极为实现这一目标而共同努力。一些自闭症学生家长承认自己的孩子需要帮助，但认为老师的教育建议没有用，自己试过几次都没有产生效果，因此不认可老师的教育建议，更加不愿意执行。教师需要花很多时间去说服家长。

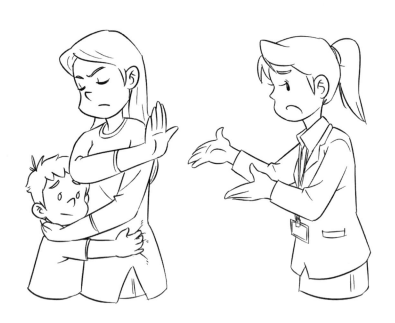

原因分析

1.教师的教育建议存在不当之处。 只有对学生的学习能力做出精准的判断，教师才能提出恰当的教育建议。一些教师因为专业知识技能和教学经验的不足，对于学生的学习能力和情况会出现判断上的偏差。

比如：教师的教育评估能力可能存在不足，对自闭症学生的评估目的不明确，所选的评估方式不符合学生的年龄与障碍特点，评估手段和方法过于单一等，评估所获得的信息就可能不够充分、不全面，或者不够准确，有时所提出的教育建议就不一定适合学生，导致教育干预效果差强人意。

2.家长在教养过程中的失败经验对教育干预的实施及效果产生负面影响。 有的家长在前期已经尝试了多种教育策略，但效果不佳。例如面对孩子的行为问题，家长前期可能通过网络、培训等渠道获取过很多教育建议，但可能由于这些教育建议不适用于学生的具体情况，或家长的理解或实施存在偏差等，实施效果总是不理想。

家长在多次尝试无效后产生了"这些方法我都试过了，都没用"的想法，这些消极的看法会导致家长在教育干预中态度不积极，无形中也会不断给孩子暗示，其实孩子很容易从家长那里知晓他们是否对自己有信心。受到无数次失败教育经历的影响，家长在实施教师给出的教育建议时会出现信心不足、实施时间不充足等情况，导致实施效果不佳。

3. 家长的教育教学执行能力不足。家长由于教育教学能力不足，对孩子进行家庭教育时就比较容易出现偏差。例如，对孩子的管教态度前后不一致、不同照顾者的态度不一致、难以保证足够的时间，或者以为执行的是教师建议的教育教学方式但其实不是等，导致教育干预效果不理想。

4. 家校合作关系不佳。一方面，教师的教育建议更多的是从学校管理、教育教学的角度出发，忽略了家长的需求。另一方面，家长对教师缺乏信任，可能认为教师在推诿教育责任，不愿积极合作，或将信将疑地执行教育建议，进而导致教育效果不佳。

另外，教师与家长之间的沟通不畅通，出现偏差。比如：教师没有清晰表达，建议没有传达到位；或者是家长对老师的话产生了误解，双方没有保持一致。

对策建议

1. 提高教师的教育评估能力和教育教学能力。首先，要提高教师的教育评估能力。教师对自闭症学生的评估信息多源自校园环境，对学生的家庭环境了解得并不充分，因此需进一步丰富信息来源。

◇ 教师可以通过家访或访谈家长，了解学生的居家表现。
◇ 教师也可以通过入户观察主要抚养人和孩子的互动方式，收集一手信息。
◇ 在家长同意的情况下在学生家中放置摄像设备，拍摄孩子在家里的表现，教师继而分析所摄录像。
◇ 在学校开展亲子活动，现场观察自闭症学生与家长的亲子互动方式。

其次，要提高教师的教育教学能力。教师要研习自闭症学生的相关教育方法，提升自身的专业性。同时，可以寻求专业机构、人士的帮助，如区域特殊教育指导中心、特殊教育专家等，在他们的协助下找准教育起点，找到恰当的教育方法。

2. 协助家长学习成功的教育实践经验。首先，教师要充分肯定家长一直以来对孩子的付出；其次，在给出建议前自己要先实施提出的建议，让家长看到学生行为的改善后，再向家长提出教育建议，还要详细说明提出该建议的原因、实施的步骤，以及注意的事项。

教师在给家长进行教育建议时，需要充分考虑教育建议在家庭中实施的可能性、孩子在家中的学习状态以及家长的教育能力等因素，并给予充分的实施实践指导，确保教育建议在家庭中能起到实效，不能打击家长的教育信心。通过学习教师教育实践的成功经验，家长可以增强教育信心，以积极的心态投入到孩子的教育训练中。

3. 提高家长的家庭教育能力。教师可以通过加强对家长的家庭教育指导来促进家长家庭教育能力的提升。

在正式给出教育建议前，教师可以给家长作示范，家长现场实践，教师给予指导，纠正不恰当的做法。教师要向家长说明教育方法的实施频率、强度等操作细节，还要说明每个孩子发生改变所需的时长是不一样的，让家长明白教育策略或行为矫正方案效果的显现是需要一定的实施时间和频率的。

指导过程中，教师应和家长保持密切的联系，了解教育建议的实施状况，如请家长将在家中的实施过程进行录像，教师根据录像进行指导；定期咨询家长的感受、解答困惑。同时建立回访制度，定期跟踪实施过程，根据实施效果，给予指导建议。

此外，家长也需要培养自己对孩子的教育耐心和信心，认识到自闭症孩子的教育是一个漫长和困难的过程，做好心理预设和准备。

4. 促进家校沟通与教育合作。教师要加强与家长的沟通和合作，与家长建立互相信任、和谐友好的合作关系。双方要相互尊重和信赖，明确共同的教育目标，在针对孩子的教育观念和实践上达成一致。

此外，也可以引入第三方人员，如特殊教育指导中心，帮助学校了解家庭沟通现状，找到家校关系不佳的原因，之后通过三方会议化解家校矛盾，加深家校了解，统一教学教育目标。在家校关系改善后，再针对不同的问题提出相应的教育建议。